知行合一
MBA / EMBA论文写作指南及范例

◎ 徐勤　苏涛永　邱灿华　主编

同济大学出版社
TONGJI UNIVERSITY PRESS

图书在版编目(CIP)数据

知行合一:MBA/EMBA论文写作指南及范例 / 徐勤，苏涛永，邱灿华主编. --上海：同济大学出版社，2021.6
ISBN 978-7-5608-9659-5

Ⅰ.①知… Ⅱ.①徐…②苏…③邱… Ⅲ.①工商行政管理学—硕士学位论文—写作 Ⅳ.①H152.3

中国版本图书馆 CIP 数据核字(2020)第 260147 号

知行合一——MBA/EMBA论文写作指南及范例

徐　勤　苏涛永　邱灿华　主编

责任编辑　胡晗欣
责任校对　徐春莲
封面设计　潘向蓁

出版发行　同济大学出版社　www.tongjipress.com.cn
　　　　　(地址：上海市四平路1239号　邮编：200092　电话：021-65985622)
经　　销　全国各地新华书店
排版制作　南京月叶图文制作有限公司
印　　刷　常熟市华顺印刷有限公司
开　　本　787 mm×1092 mm　1/16
印　　张　11
字　　数　275 000
版　　次　2021年6月第1版　2021年6月第1次印刷
书　　号　ISBN 978-7-5608-9659-5
定　　价　66.00元

版权所有　侵权必究　印装问题　负责调换

前　言

MBA/EMBA学位论文的写作,是MBA/EMBA学习过程的一个重要组成部分,是学生掌握科学研究方法、提高综合运用已有知识解决实际问题能力的重要环节。撰写学位论文不仅有利于提高MBA/EMBA学生的理论修养,而且能培养MBA/EMBA学生的科研能力,从而切实提升学生的综合素质和能力。

MBA/EMBA学生往往具有丰富的管理实践经验,充满活力,富于创新精神。但是,由于他们工作繁忙,没有经过专业的研究训练,因此在论文写作过程中往往会遇到诸多困难。作为指导老师,为了帮助学生写好论文,提高写作的效率和论文质量,提供一本论文写作指南十分必要。本书对论文写作的全过程和基本问题进行分解,使学生可以通过自学以解决论文写作过程中的一些基础问题,并提供了1篇学生论文范例,目的是指导学生能够顺利完成毕业论文的撰写。

在研究生的教育中,论文指导工作最具挑战性,也最让人有成就感,尤其是指导专业学位研究生的论文。编者经过长时间论文指导课程的授课实践,以及相关调研、资料的积累、分析和整理,用易于理解的语言来组织内容,形成了本书。本书不偏重学术研究,更关注实用,能够明确地让学生了解怎么做企业应用研究、怎么写论文。

相比已有的同类图书,本书具有以下特色:

第一,注重培养和锤炼学生的逻辑思维。编者认为论文写作是一个锻炼和培养学生思维的过程,强调思维先于行动,在论文写作过程中体现知行合一。本书第2章列出了学位论文写作中的思维方法和常用分析工具,提供了论文写作的方法论。

第二,以学生需求为导向。考虑在职学生的特点,编者作为导师以及论文指导课程的授课教师,能针对学生论文写作过程中的困难问题,给出有针对性的解决方法。本书第8章汇总了学生在写作过程中遇到的各类烦恼,并提出了相关的解决方法与建议。

第三,提供论文视频辅导资源。编者制作了基本的论文指导视频,附有视频二维码,可直接链接到教学视频,既便于学生更好地理解教材内容,又便于编者更新和迭代其中内容。我们的一个基本目标是即使没有通读全书,通过论文辅导视频也能掌握写论文的基本要求和相关方法,以可视化的方式,增强本书的丰富性和可读性,提高学习效率。

本书的写作和出版得到了很多人的帮助和支持,在此一并表示感谢。首先,要感谢同济大学同事们——熊国钺、魏峰、许涛等,书中的很多观点都是在与他们的讨论和交流中形成的,他们对本书提出了很多宝贵的修改意见和建议。其次,要感谢黄小芳、吴伟、许倩倩、邵宏轩四位老师和辛旭博士以及提供范文示例的MBA学员,他们参与了本书最初资料的收集和初稿写作。最后,感谢同济大学出版社对本书出版提供的支持。

本书在编写的过程中,参考、借鉴了诸多学者的宝贵研究成果,对前人的研究表示诚挚的敬意和感谢。书中不当之处在所难免,恳请读者批评指正,提出宝贵意见和建议,以便今后不断改进和完善。

编者

2021年4月

目　录

前言

第1章　论文写作的要求、形式与规范 … 001
1.1　论文写作的要求 … 003
1.2　论文写作的形式 … 003
1.3　论文写作的规范 … 004

第2章　论文写作的思维方法及分析工具 … 007
2.1　撰写论文对于培养MBA/EMBA学生的意义 … 009
2.2　论文写作的思维方法 … 009
2.3　工商管理领域常用分析工具 … 012
2.3.1　人力资源管理与组织行为方向的常用分析工具 … 013
2.3.2　市场营销方向的常用分析工具 … 019
2.3.3　生产运营管理与项目管理方向的常用分析工具 … 026
2.3.4　战略管理方向的常用分析工具 … 031

第3章　论文的选题与开题 … 035
3.1　选题原则 … 037
3.2　如何选题 … 038
3.2.1　论文选题的指导思想——三点式结构 … 038
3.2.2　具体的选题操作方法 … 041
3.2.3　论文选题的误区 … 041
3.3　如何撰写开题报告 … 045

第4章 文献资料收集与理论准备 ··· 047

4.1 文献资料收集 ··· 049
4.1.1 文献资料的分类 ··· 049
4.1.2 文献的收集及来源 ··· 050
4.1.3 文献的检索 ··· 051

4.2 理论准备 ··· 054
4.2.1 什么是理论 ··· 054
4.2.2 管理学理论的发展 ··· 055
4.2.3 理论、工具与分析框架的区别 ··· 057
4.2.4 理论的意义：提升认知效率 ··· 057

4.3 文献综述写作 ··· 062
4.3.1 文献综述的写作目的 ··· 062
4.3.2 文献综述的特点 ··· 062
4.3.3 文献综述的写作要求 ··· 063

第5章 研究方案的设计与实施 ··· 067

5.1 研究过程 ··· 069
5.2 研究方法 ··· 070
5.2.1 模型研究法 ··· 070
5.2.2 案例研究法 ··· 071
5.2.3 调查研究法 ··· 072
5.2.4 质性研究法 ··· 075
5.3 进度计划 ··· 077
5.4 研究方案的可行性 ··· 077

第6章 论文的结构设计与正文写作 ··· 079

6.1 论文结构的一般要求 ··· 081
6.1.1 论文的基本结构 ··· 081
6.1.2 论文的篇幅控制 ··· 082

6.2 正文的写作方法 ············ 082
6.2.1 绪论的写作 ············ 082
6.2.2 理论概述的写作 ············ 084
6.2.3 现状及存在问题分析的写作 ············ 085
6.2.4 解决方案设计的写作 ············ 089
6.2.5 实施方案的写作 ············ 091
6.2.6 结论的写作 ············ 092

第7章 论文答辩及评价标准 ············ 095
7.1 论文答辩的特点与作用 ············ 097
7.1.1 论文答辩的特点 ············ 097
7.1.2 论文答辩的作用 ············ 098
7.2 论文答辩的过程与内容 ············ 100
7.2.1 学位论文答辩前的资格审查 ············ 100
7.2.2 答辩的一般过程 ············ 101

第8章 MBA/EMBA学位论文写作过程中常见的问题 ············ 103

附录 论文范例 ············ 109

本书参考文献 ············ 165

视频目录

论文格式模板的使用 / 006

专硕论文写作的意义——生活的苟且还是远方？ / 009

毕业论文写作与思维提升 / 009

三点式结构与选题 / 038

"问题"到底是什么？ / 039

怎样才是一篇有聚焦点的开题报告？ / 045

理论到底写什么？ / 054

文献综述如何撰写？ / 062

其他论文写作视频集锦 / 108

第 1 章

论文写作的要求、形式与规范

【本章概况】

介绍了 MBA/EMBA 论文的写作要求;并从摘要及关键词、目录、正文等三个方面详细介绍了写作的形式,从学术、语言、内容等三个方面强调论文写作的规范。明确论文写作的要求、形式与规范是论文撰写的基础,也是论义写作的基本要求。本章主要解决三个问题:(1)论文写作的具体要求;(2)论文写作的形式;(3)论文写作的规范。

1.1 论文写作的要求

工商管理硕士(Master of Business Administration,MBA)和高级管理人员工商管理硕士(Executive Master of Business Administration,EMBA)是培养我国复合型、高层次管理人才的重要渠道。MBA/EMBA学生撰写学位论文,是培养MBA/EMBA学生综合能力的关键所在,是MBA/EMBA学生综合利用自身所学的各类专业知识,解决企业实际问题的一次尝试,更是衡量MBA/EMBA学生是否达到硕士学位授予标准的重要依据。一般来说,MBA/EMBA学生的学位论文,应在相关专业的硕士生导师的指导下由本人完成,并且完成论文的时间应不少于1年。MBA/EMBA专业学位论文应当针对并提炼工商管理实践中的现实问题,运用工商管理学科的理论知识,采用合理的研究方法和分析工具,回答或解决学位论文所提出的现实问题。论文成果应具有应用价值及推广意义。

工商管理硕士专业学位论文的具体形式可以是专题研究、调查研究报告、企业诊断报告、企业管理案例及分析等。无论何种形式的论文,所涉及的事例、案例、情景以及数据等必须真实而非虚构,严禁抄袭剽窃等学术不端行为。

1.2 论文写作的形式

MBA/EMBA专业的学位论文一般由7个部分构成,具体包括中、英文摘要(Abstract),中、英文关键词(Keywords),论文目录,论文正文,参考文献,论文附录和致谢。上述7个部分的撰写要求可被简要概括如下。

1. 论文摘要及关键词(中、英文)

论文摘要是对学位论文内容的高度概括。在摘要中应当明确说明所研究的问题、依据的理论、采用的方法、研究的内容以及得出的主要结论等关键信息,字数在1 500字以内。关键词应当正确选用表征本研究主要特征的专业词语,以有助于从事相同或相近主题研究的其他人检索到本论文,以3~6个词为宜。

2. 目录

目录应包含各个章、节、目的名称和页码。

3. 正文

正文部分一般可以分为绪论（或综述、引言）、理论概述（或文献回顾与分析）、方法和过程说明、内容和分析、结论和讨论。学位论文的正文字数应不少于2.5万字。

1）绪论

简述学位论文的选题背景和意义，描述和分析与本论文研究问题相关的国内外研究现状及研究概况，介绍论文的核心问题和主要内容，阐述论文的结构编排、逻辑关系以及论文的主要发现。语言应严谨、精练、明确。

2）理论概述

概述学位论文研究问题所涉及的相关理论，包括理论的历史发展过程、理论内容的概述、理论在国内外的应用案例等。介绍论文所采用的理论视角和使用的理论工具，这些理论、工具、方法应与本论文的研究工作紧密相关。

3）方法和过程说明

说明研究方案的设计思路及技术路线，阐释论文所采用的研究方法或分析工具，介绍论文的资料或数据来源及收集过程，以及对资料或数据的整理与分析方法，相关工作的实际进展过程等。

4）内容和分析

综合应用所学管理理论和专门知识，结合研究所收集的资料和采集到的数据，对所研究的问题进行深入分析，并提出解决问题的方案及实施路径。解决方案的提出需要创造性思维，也是学位论文是否具有创造性的直接体现。

5）结论和讨论

系统概括论文的主要结论，提炼研究者的观点和见解，并对研究结论和方案建议展开讨论，需要对研究结论的局限性、方案建议的潜在风险进行说明，对未来的工作进行展望。

6）参考文献、附录以及致谢

本部分可参照各培养单位提出的规范性要求进行撰写。

1.3　论文写作的规范

合格的论文一定具备思想性、逻辑性、创新性、可读性和规范性。MBA/

EMBA学生工作繁忙,对论文撰写比较生疏,论文中时常出现一些拼凑、罗列、复制粘贴互联网内容和文字不通等问题。因此,应注意论文写作的规范,特别是学术、语言、内容、格式方面的规范。

1. 学术规范

学术规范是撰写专业学位论文的底线。近几年来,媒体对学术不端的行为进行持续披露和监督。对于学术不端行为,各高校及教育部均坚决采取"零容忍"的态度。

2. 语言规范

研究生论文是衡量学生写作能力、研究能力是否达到学位论文水平,可否参加答辩的唯一文字材料。因此,对论文写作必须态度端正、认真仔细。在语言规范上,必须通顺、可读,还要有逻辑性。格式必须符合毕业论文的要求。如果文字不通不顺、逻辑混乱,论文在评审时将会被退回修改或不允许参加答辩。

3. 内容规范

在论文写作的过程中,需要注意行文的结构。要学会利用书面语言而不能用口语表达自己的思维过程。行文结构方面的规范主要包括各部分之间的承上启下、上下文之间的过渡以及文末总结。其中,承上启下是指前接上一部分内容,与后连下一部分内容,前后要有逻辑联系;上下文之间的过渡是指用简短的文字回顾前文的要点,并带出下一步要论述的内容,保证上下文之间的连接流畅;文末总结,即重申全文有哪些创新之处和不足之处,并对未来研究进行展望。

论文各部分的具体写作规范包括以下几点:

(1) 论文题目应简洁明确,不产生歧义。

(2) 在撰写摘要的过程中,应遵循简洁性、概括性的原则。摘要是全文的凝练,好的摘要会令人有细读下去的欲望。关键词必须让人明了论文的主旨,按逻辑前后排列。结论要翔实可靠、实事求是。

(3) 绪论部分,研究背景反映了MBA/EMBA学生对于管理理论的理解和应用,包含选题的逻辑起点、研究的目的和意义、研究问题的提炼。研究的目的和意义决定了论文的价值。文献综述可以看出学生理论的功底以及概括归纳能力。研究内容必须是针对某个研究问题的改进机制或解决方案所做的系列工作

(不相干的工作捏合在一起是不可以的)。

(4) 研究方法部分,要说明为什么选择这些方法,这些方法对解决问题是否适用。对方法的熟悉程度和技术路线可以判断作者的思路和其对理论、方法的运用能力。技术路线要说明从哪处入手,用图表说明研究过程是依次递进还是平行展开的。

(5) 内容分析部分,这最能体现 MBA/EMBA 学生的科学思维和辨析能力。这部分内容不能空泛,也不能重复。要依据研究结果、收集的信息和数据进行推理、比较、分析,用数据和论据进行逻辑验证,得出令人信服的结论。这部分还可以对自己的工作做出客观评价,指出不足或有待改进之处,或今后努力的方向。

(6) 结论要简单明了,高度概括。对创新点的准确描述能反映作者的总结能力。

(7) 参考文献与文中对应要仔细核对。如果存在文献不对应的情况,则反映了作者的态度不够严谨,甚至会使评阅人对全文的可信度产生怀疑。

4. 格式规范

论文写作一般可以参考学校统一要求的学位论文模板来进行排版。

论文格式模板的使用

第 2 章

论文写作的思维方法及分析工具

【本章概况】

　　介绍了论文写作的思维方法及 MBA/EMBA 常用的分析工具。撰写论文是对思维的塑造,不论是对分析工具的选择,还是对研究内容的论证,都是锻炼与培养思维的过程。本章主要解决两个问题:(1)撰写论文对于培养 MBA/EMBA 学生的意义;(2)论文写作思维方法的内涵。

第 2 章
论文写作的思维方法及分析工具

2.1 撰写论文对于培养 MBA/EMBA 学生的意义

撰写学位论文并不只是要求 MBA/EMBA 学生完成一篇简单的成果汇报，而应成为一个思维提升的过程。对于这一过程，我们的理想状态是"想清楚、说明白、知道写什么、怎么写"。然而很多 MBA/EMBA 学生在撰写论文时，往往出现问题意识不强、思路不明晰、材料堆积和观点罗列等问题。究其原因，主要是"没想清楚"带来了思维混乱。而思维混乱进一步导致了"写不明白"。换言之，"想清楚、写明白"是思维过程的关键。论文写作的过程就是将解决问题的思维过程进行呈现。如果能依据一定的框架进行逻辑构建、文字表现，不仅有助于高效、优质地完成论文写作，也将助力于系统思维的形成，从而将论文"想清楚、写明白"。

专硕论文写作的意义——生活的苟且还是远方？

对于工商管理领域的硕士论文而言，论文写作中常涉及管理理论和分析方法。在分析企业问题时，从不同侧面、职能等角度结合行业背景、社会发展、国家战略需求进行分析，有助于 MBA/EMBA 学生形成成熟系统的管理思维，对于今后的职业发展、企业战略的思考都具有重要的意义。

写好一篇专业学位论文不仅是对自己工作内容的总结和提炼，更是对自己思维的锤炼。许多 MBA/EMBA 学生因缺乏系统性思维、批判性思维，容易对论文产生望而生畏的心理，甚至放弃学位论文的写作；还有一些学生认为撰写论文占用时间过长，不愿意花费时间和精力，忽略了论文写作对于自己能力培养的意义，失去了一次提升自身思维水平和认知水平的机会。

2.2 论文写作的思维方法

论文写作不是内容的简单堆砌，而是一个系统的思维过程。借助好的思维方法，往往可以达到事半功倍的效果。这里所说的"思维"，其实涵盖了一个人全部的认知(或智力)活动。一个好的思维方法，可以做到"抽丝剥茧"，深入探索和发掘发现事物内部的联系和规律特征。它可以看作是认识过程的一个"高级阶段"。MBA/EMBA 论文写作中最常见的思维逻辑包括归纳推理和演绎推理。

毕业论文写作与思维提升

归纳推理是从对个别事物的观察中推导出一般性的规律或法则。演绎推理则是从一般到个别,是由一般结论推导出特殊或个别结论的方法。MBA/EMBA论文强调理论联系实践,从实践中发展理论是归纳推理,根据理论提出指导实践的方法或方案是演绎推理。图2-1描绘了论文写作中的思维逻辑,归纳和演绎应贯穿于整篇论文。

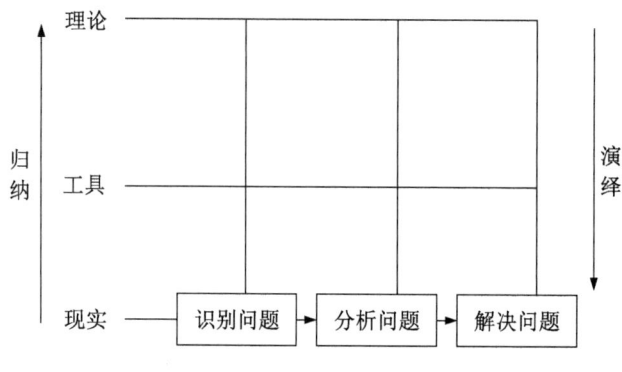

图 2-1 论文写作的思维逻辑

建议MBA/EMBA学生在论文写作时,可以借助金字塔分析原理、麦肯锡MECE与笛卡尔方法等来进行思维的训练。

1. 金字塔分析原理

芭芭拉·明托的金字塔分析原理是一项层次性、结构化的思考和沟通技术,可以用于结构化的写作过程(图2-2)。明托的这项写作思考方法要求表述者(写作者)在写作之前先对提纲挈领的中心思想进行归类。①

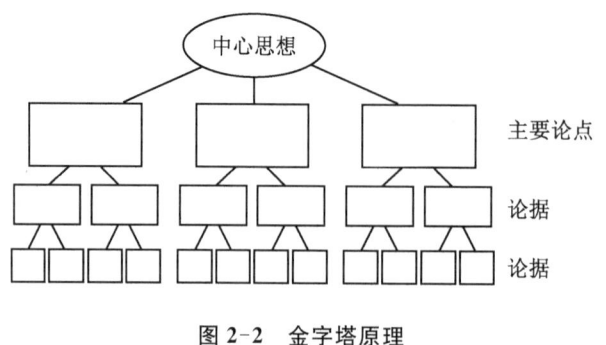

图 2-2 金字塔原理

---

① 芭芭拉·明托. 金字塔原理[M]. 海口:南海出版公司,2019.

在论文写作中,可以通过结构化思考先给出观点或者论点。支持性观点可以基于归纳推理和演绎推理得出。所谓的"结论先行",即文章有明确的中心思想。其次是"以上统下",即上一层次的思想都是对相对应的下一层次思想的总结和概括。再次是要"归类分组",即每一组的思想必须属于同一逻辑范畴;最后应"逻辑递进",即每一组中的思想必须按照逻辑顺序排列。这种结论先行、自上而下的表达,纵向总结概括、横向归类分组的方式,是MBA/EMBA学位论文阐述、论证研究问题的有效途径。

2. 麦肯锡MECE分析法

MECE分析法,全称是Mutually Exclusive Collectively Exhaustive,中文意思是"相互独立,完全穷尽"。也就是对于一个重大的议题,能够做到不重叠、不遗漏的分类,而且能够借此有效把握问题的核心,并找出解决问题的方法。[1]

在分析事实、创建假设、证明或证伪假设的每一步骤上,都贯穿着"MECE"的结构化思维准则。结构化思维的本质就是逻辑,其目的在于对问题的思考更完整、更有条理。但"结构"不是"解构",结构化的思维并不意味着对问题机械、简单地肢解。事实上对论文写作来说,结构化的思维在于理清思路、重建联系。

3. 笛卡尔方法

笛卡尔方法,亦称"理性的演绎法""几何学方法",是唯理论方法论。笛卡尔把"我思故我在"作为哲学的第一原理,强调个人理性的确定性,提出理性批判一切,进而建造起笛卡尔方法的思维模式。他认为,一切真知都是由简单自明的观念演绎出来的,感觉经验常常导致错误,理性才是真实知识的唯一可靠来源。

笛卡尔方法表现为四个原则:第一,对于任何没有认识到的东西,决不把它当成真的加以接受,只把那些清楚明白的呈现于心智之前;第二,把所考察的难题,尽可能分成细小部分,直到可适于圆满解决为止;第三,按照次序引导思想,从最简单、最容易的认识对象开始,逐步上升到对复杂对象的认识;第四,把一切情况尽量列举出来,普遍地加以审视,确信毫无遗漏。[2]

---

[1] 李宏涛. 销售之王[M]. 北京:北京联合出版公司,2016.
[2] 陶西平. 教育评价辞典[M]. 北京:北京师范大学出版社,1998.

在论文写作的过程中,应通过理性认识能力来对每一步骤都进行清楚明白、准确无误的推理,从而实现论证的严密性。

2.3　工商管理领域常用分析工具

工商管理学科作为一门应用型学科,其学科发展服务的领域涵盖企业发展的各个职能部门。MBA/EMBA学生大多来自企业的管理部门、活跃在企业的各个层级。大部分学生撰写论文依托自己的工作环境,通过对工作进行梳理、总结和升华,最终形成一篇专业硕士论文。以论文所覆盖的领域来看,主要包括人力资源管理与组织行为、市场营销、运营管理以及战略管理等方向,在各个方向都有一些常用的分析工具。这些工具用于问题分析、方案制定,不仅符合管理学原理,也体现了前文中所说的思维方法和逻辑(表2-1)。

表2-1　工商管理领域常用分析框架与工具

相关管理领域	常用工具
人力资源管理与组织行为	人才开发的能力模型
	平衡记分卡
	关键绩效指标(KPI)
	评价中心法
市场营销	4P营销理论
	4C营销理论
	4R营销理论
	4I原则(整合营销理论)
	STP理论
	SIVA理论
运营管理	PDCA循环
	鱼骨图
	帕累托图
	价值流图
	任务分解法

(续表)

相关管理领域	常用工具
战略管理	SWOT 分析
	波特五力模型
	PEST 分析
	战略地图

注：在一篇论文中可选用 2～3 个分析工具，分析工具并不局限于某一方向，视问题的性质而决定需要哪些工具。

表 2-1 中列出的相关分析工具和管理理论集中体现了工商管理领域的部分管理思想。MBA/EMBA 学生在学习相关课程时，可以注意吸收其理论精华，并在课后结合教材、参考书对理论进行深度学习，为论文撰写打下坚实的理论基础。下文介绍在论文写作中常用的分析工具。

2.3.1 人力资源管理与组织行为方向的常用分析工具

1. 人才开发的能力模型

能力模型是指主体实现预期目标所必需的行为、知识和技能配置。能力模型的构建，首先要明确主体的预期目标，并清晰界定实现预期目标的关键因素。其次，对每一关键要素实现所需具备的能力进行定义与描述。最后，根据目标分解与岗位的匹配，将这些能力分解到每个岗位上。[①]

能力模型理论还处于不断发展完善的阶段，现有的模型主要有四种：核心能力模型、职能能力模型、岗位能力模型及角色能力模型。这四类模型并不是孤立的，彼此之间是一种分解关系，从高到低依次为核心能力模型、职能能力模型、岗位能力模型及角色能力模型。四类模型共同构成了企业完整的能力模型体系，具体如图 2-3 所示。核心能力模型指整个组织的能力，与企业的愿景、战略目标等相匹配；职能能力模型指围绕某一职能构建的模型，它适用于企业内部的部门或组织；岗位能力模型是围绕某一特定岗位建立的能力和行为的匹配；角色能力模型则是针对某一特定角色界定的，角色与个人的素质紧密关联，

---

① 刘媛玲. 论能力模型在企业人才开发与绩效管理中的作用[J]. 商场现代化，2013(25)：150.

而一个人可以担任多种角色。①

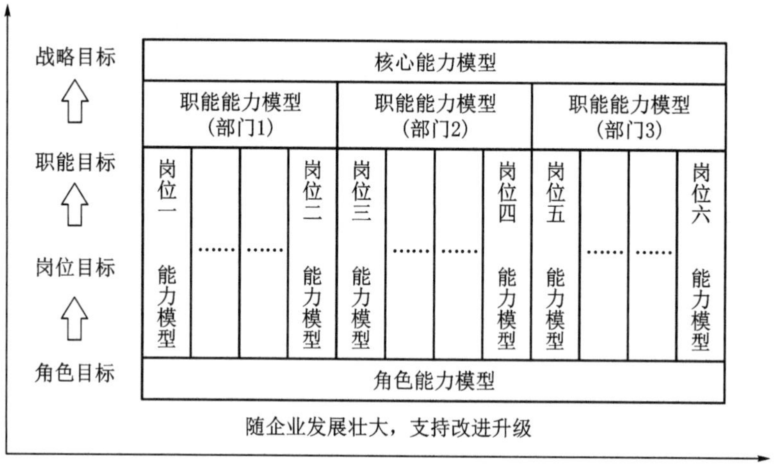

图 2-3 企业能力模型体系

四种模型中,核心能力模型是企业能力模型体系构建的方向和基础。职能能力模型是根据企业业务流程进行的能力分解,不同部门承担业务分工中的特定一环,因此具有不同的能力。岗位能力模型是职能能力模型的具体内容,细化到每一类别的岗位,是企业人力资源管理最重要的环节,在人员招聘、绩效考核及任职等多个方面得到应用。而角色能力模型与特定的角色相关,角色具有一定的临时性,不必固定在特定的组织中。②

综上所述,能力模型对于企业经济管理的意义在于将目标与完成目标的能力匹配起来,并将这种匹配关系分解到每一个部门、每一个岗位。同时,能力模型是一个动态的管理工具,其内容及结构随着企业战略目标及发展阶段的不同而作相应调整。首先,能力模型是企业人才开发的重要工具。企业人才开发包括人才引进、内部员工培训及人才配置内部优化。能力模型中的岗位能力模型及角色能力模型在人才开发中应用最为广泛。对于特定岗位,能力模型明确了特定岗位存在的价值、承担的职责和输出,这是基于企业就特定岗位对人才提出的需求,而人才开发即要为此岗位找到最为合适的人选。在招聘中,企业依

---

①② 刘媛玲. 论能力模型在企业人才开发与绩效管理中的作用[J]. 商场现代化,2013(25):150.

据能力模型进行人才的筛选、测试。员工培训中,企业基于能力模型进行课程设计及能力考核。在人才内部优化时,能力模型为空缺岗位寻找合适的员工,为不适应当前岗位的员工寻找其他合适的岗位。其次,能力模型是绩效管理的基本依据。绩效管理的对象有企业整体、特定部门、个人或团队。对于不同对象的绩效考核,可以使用不同层级的能力模型。对于企业整体绩效的考核,适合用核心能力模型,主要考核企业整体目标的实现程度,包括盈利、品牌影响力及质量改进等;部门绩效考核适合用职能能力模型,主要考核部门职能与部门定位的匹配程度,以及对企业整体目标的支撑作用;岗位即个人绩效考核,主要依据岗位能力模型,考核的内容包括承担职责的完成情况、输出质量及能力提升等。①

概括而言,能力模型不是简单的个人素质模型,而是从企业整体到具体角色的能力模型体系。它基于企业的目标及实现目标的行动,对管理者、员工、团队及部门提出具体的能力要求。能力模型是企业经营管理最为重要的工具之一。

2. 平衡记分卡

经过近 20 年的发展,平衡记分卡已逐渐成为集团战略管理的工具,在集团战略规划与执行管理方面发挥重要的作用。进入信息时代,传统的绩效管理方法有待改进,组织必须通过在客户、供应商、员工、内部业务流程及技术革新等方面的投资,获得持续发展的动力。基于这样的认识,平衡记分卡方法认为,组织应从四个角度审视自身业绩:财务、顾客、内部经营、学习与成长。②

平衡记分卡的四个方面既包含结果指标,也包含促成这些结果的先导性指标,并且这些指标之间存在着因果关系。平衡记分卡的设计者认为,企业的一项战略就是关于因果的一系列设想,企业所采用的成功的绩效评价应当明确规定各个不同方面的目标和衡量方法之间的逻辑关系,从而便于管理它们和证明其合理性。

由于平衡记分卡的构成要素选择和评价过程设计都考虑了上述的因果逻辑关系链,所以它的四个评价维度是相互依赖、支持和平衡的,能够形成一个有机统一的企业战略保障和绩效评价体系。

---

① 刘媛玲. 论能力模型在企业人才开发与绩效管理中的作用[J]. 商场现代化,2013(25):150.
② 高琪. 基于 BSC 的 JS 中烟公司战略性业绩评价体系研究[J]. 商业会计,2016(22):51-54.

3. 关键绩效指标(KPI)

关键绩效指标(Key Performance Indicator, KPI)是通过对组织内部流程的输入端、输出端的关键参数进行设置、取样、计算和分析,衡量流程绩效的一种目标式量化管理指标,是把企业的战略目标分解为可操作的工作目标的工具,是企业绩效管理的基础。KPI可以使部门主管明确部门的主要责任,并以此为基础,明确部门人员的业绩衡量指标。建立明确的切实可行的KPI体系,是做好绩效管理的关键。关键绩效指标是用于衡量工作人员工作绩效表现的量化指标,是绩效计划的重要组成部分。① KPI的作用如图2-4所示。

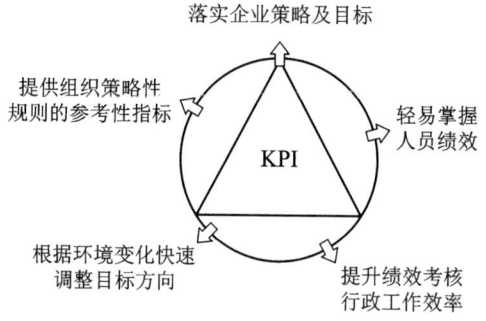

图2-4 KPI的作用

KPI法符合一个重要的管理原理——"八二原理"。在企业的价值创造过程中,存在着"80/20"的规律,即20%的骨干人员创造企业80%的价值;而且在每一名员工身上"八二原理"同样适用,即80%的工作任务是由20%的关键行为完成的。因此,必须抓住20%的关键行为,对之进行分析和衡量,这样就能抓住业绩评价的重心。②

此外,确定KPI的一个有效方法是"SMART原则"。SMART是5个英文单词首字母的缩写:S代表具体(Specific),指绩效考核要切中特定的工作指标,不能笼统;M代表可度量(Measurable),指绩效指标是数量化或者行为化的,验证这些绩效指标的数据或者信息是可获得的;A代表可实现(Attainable),指绩效指标在付出努力的情况下可以实现,避免设立过高或过低的目标;R代表关联性

---

① 刘建华. 现代企业管理咨询[M]. 沈阳:辽宁大学出版社,2008.
② 刘善华. 现代人力资源管理[M]. 广州:暨南大学出版社,2009.

(Relevant),指绩效指标与上级目标应具有明确的关联性,最终还应与公司目标相结合;T 代表有时限(Time bound),注重完成绩效指标的特定期限。①

确定 KPI 一般应遵循以下几个步骤:

第一,建立评价指标体系。在本步骤中,可按照从宏观到微观的顺序,依次建立各级指标体系。首先明确企业的战略目标,找出企业的业务重点,并确定这些关键业务领域的 KPI,从而建立企业级 KPI。接下来,各部门的主管需要依据企业级 KPI 建立部门级 KPI。然后,各部门的主管和部门的 KPI 人员一起再将 KPI 进一步分解为更细的 KPI。这些业绩衡量指标就是员工考核的要素和依据。

第二,设定评价标准。一般来说,指标指的是从哪些方面来对工作进行衡量或评价;而标准指的是在各个指标上分别应该达到什么样的水平。指标解决的是我们需要评价"什么"的问题,标准解决的是要求被评价者做得"怎样"、完成"多少"的问题。

第三,审核 KPI。对 KPI 进行审核的目的主要是为了确认这些 KPI 能否全面、客观地反映被评价者的工作绩效,以及是否适合于评价操作。

4. 评价中心法

评价中心法也被称为情景模拟评价法,是一种模拟工作的评价方法。评价中心法是多方法、多技术的综合体。使用评价中心法,可以对员工的工作能力和个人特征作全面细致的评价,从而发现其优点、不足和发展潜能。该方法中常用的情景模拟技术包括无领导小组讨论、角色扮演、管理游戏和文件筐测验等。这些技术被广泛应用于教育、企业、公务员招聘等多个领域。②

1) 无领导小组讨论

无领导小组讨论(Leaderless Group Discussion, LGD)要求将被评价者集中在一起,形成一个临时的工作小组,然后就某个给定的问题进行自由讨论,并作出决策。小组中不事先设定领导者和负责人。主试通过成员的言语和非言语行为表现来观察、评价。这种测评方式用来测评被试者的潜质,即沟通能力、语言表达能力、应变能力、组织协调能力和决策能力等多方面的能力特质,尤其适合对

---

① 刘善华,欧阳晓东. 现代人力资源管理[M]. 2 版.广州:暨南大学出版社,2011.
② 王少东等. 企业绩效管理[M].2 版.北京:清华大学出版社,2017.

高层领导的选拔。

2）角色扮演

角色扮演(Role-playing Game，RPG)来源于虚拟世界中特定情境下某些特定角色的游戏。心理学中指充当某种社会角色并承担相应角色的活动。通过角色扮演将某人暂时置身于他人的社会地位并按照相应的方式行事，可以加深对他人和自身角色的认知，一般用来测评被试者与人交往的能力。情景模拟测试中，被试者根据主考官预先设置的人际矛盾与冲突按照所扮演的角色去处理那些尖锐的问题和矛盾。主试对被试者行为表现的观察和评价一般从角色适应性、角色扮演的表现等方面进行，评价其人际适应能力和完成某项工作的胜任能力。

3）管理游戏

管理游戏是一种标准化的模拟活动。它以完成某项实际工作任务为基础，在活动中观察测评被试者的实际管理能力。[①] 主试在活动过程中以不同的角色参与游戏，给予被试者一定的工作压力。通过设置一定难度的矛盾和冲突，考察被试者在不断激化的矛盾和加剧的冲突中的表现，评价其领导协调能力、人际交往能力和应变能力等。管理游戏包含的管理范围有市场营销、财务、生产和人事管理等。

4）文件筐测验

文件筐测验被认为是评价中心法使用最多的一项技术，频率高达95%。它也是评价中心法最常使用和最核心的情景模拟测验技术之一。它通过被试者对各项资料的计划和分析，以及对信息的处理和决策，来评估其在实际工作中的潜能。测验模拟真实的工作场景，要求被试者以管理者的身份在预先规定的条件下限时处理各类公文材料并形成处理报告。评分包含两个部分：书面结果和处理问题的思维过程。主考官还可以针对模糊的地方或想深入了解被试者而进行面谈。因其考察内容广、表面效度高等特点而备受企事业单位的青睐。

---

① 孔凡柱等.员工招聘与录用[M].北京：机械工业出版社，2018.

2.3.2 市场营销方向的常用分析工具

1. 4P营销理论

美国的4P营销理论(The Marketing Theory of 4Ps)产生于20世纪60年代，由四大要素组成：产品、价格、渠道和促销。它对企业的营销活动产生了深远的影响，能够很好地满足市场需求，在全球广泛运用。

1) 产品策略(Product Strategy)

产品策略主要是指企业以向目标市场提供各种适合消费者需求的有形和无形产品的方式实现其营销目标，其中包括对同产品有关的品种、规格、式样、质量、包装、特色、商标、品牌以及各种服务措施等可控因素的组合和运用。①

2) 定价策略(Pricing Strategy)

定价策略主要是指企业依照市场规律，通过制定价格、调整价格等方式实现其营销目标，其中包括对与定价有关的基本价格、折扣价格、津贴、付款期限、商业信用以及各种定价方法和定价技巧等可控因素的组合和运用。②

3) 分销策略(Place Strategy)

分销策略主要是指企业以合理地选择分销渠道和组织商品实体流通的方式实现其营销目标，其中包括对与分销有关的渠道覆盖面、商品流转环节、中间商、网点设置以及储存运输等可控因素的组合和运用。③

4) 促销策略(Promotion Strategy)

促销策略主要是指企业以利用各种信息传播手段刺激消费者购买欲望的方式实现其营销目标，其中包括对与促销有关的广告、人员推销、营业推广、公共关系等可控因素的组合和运用。

2. 4C营销理论

4C分别指代Customer(顾客)、Cost(成本)、Convenience(便利)和Communication(沟通)。具体如下：

1) Customer(顾客)

主要指顾客的需求。企业必须首先了解和研究顾客，根据顾客的需求来提

---

①②③ 都雪静，裴玉龙，王占宇.现代汽车营销基础[M].北京：人民交通出版社，2017.

供产品。同时,企业提供的不仅仅是产品和服务,更重要的是由此产生的客户价值(Customer Value)。①

2) Cost(成本)

不单指企业的生产成本,或者说 4P 中的价格(Price),还应包括顾客的购买成本。它也意味着产品定价的理想情况,应该既低于顾客的心理价格,也能够让企业有所盈利。此外,顾客购买成本不仅包括其货币支出,还包括其为此耗费的时间、体力、精力以及购买过程中存在的风险。②

3) Convenience(便利)

即为顾客提供最大的购物和使用便利。4C 营销理论强调企业在制订分销策略时,要更多地考虑顾客的方便,而不是企业自己的方便。要通过好的售前、售中和售后服务来让顾客在购物的同时享受到便利。便利是客户价值不可或缺的一部分。③

4) Communication(沟通)

它被用以取代 4P 中对应的 Promotion(促销)。4C 营销理论认为,企业应通过与顾客进行积极有效的双向沟通,建立基于共同利益的新型"企业-顾客"关系。这不再是企业单向的促销和劝导顾客,而是在双方的沟通中找到能同时实现各自目标的通途。④

3. 4R 营销理论

4R 营销理论是由美国学者唐·舒尔茨(Don Schultz)在 4C 营销理论的基础上提出的新营销理论(图 2-5)。4R 分别指代 Relevance(关联)、Reaction(反应)、Relationship(关系)和 Reward(回报)。该营销理论认为,随着市场的发展,企业需要从更高层次上以更有效的方式,在企业与顾客之间建立起有别于传统的新型主动性关系。⑤

---

①② 李海刚,樊博. 电子商务[M]. 北京:高等教育出版社,2006.
③④ 朱泓,宁宜汉,乐诗婷,等. 市场营销基础与实务[M]. 北京:中国传媒大学出版社,2015.
⑤ 洪秀华,高苏. 市场营销学[M]. 沈阳:东北财经大学出版社,2015.

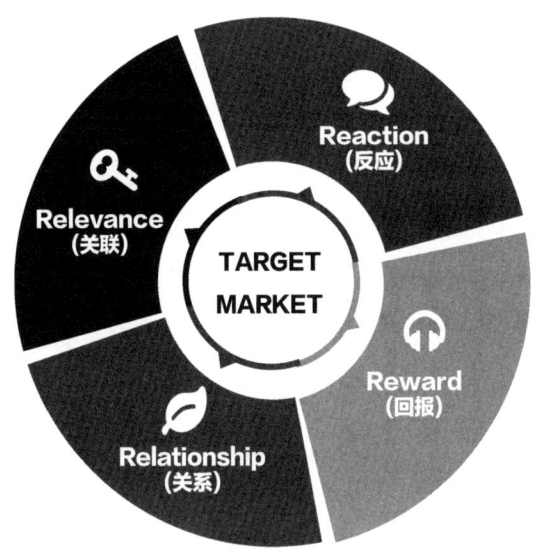

图 2-5　4R 营销理论

1）关联(Relevance)

它认为企业与顾客是一个命运共同体。建立并发展与顾客之间的长期关系是企业经营的核心理念和最重要的内容。企业必须通过某些有效的方式在业务、需求等方面与顾客建立关联,形成一种互助、互求、互需的关系,把顾客与企业联系在一起,减少顾客的流失,以此来提高顾客的忠诚度,赢得长期而稳定的市场。[1]

2）反应(Reaction)

在相互影响的市场中,对经营者来说最难实现的问题不在于如何制订、控制和实施计划,而在于如何站在顾客的角度及时地倾听和从推测性商业模式转移成为高度回应需求的商业模式。多数公司倾向于说给顾客听,却往往忽略了倾听的重要性。在相互渗透、相互影响的市场中,企业面对的最现实的问题是如何及时地倾听顾客的希望、渴望和需求,并及时作出反应来满足顾客的需求。这样才有利于市场的发展。[2]

---

[1][2]　任文举,邵文霞,夏玉林.市场营销学实训教程[M].成都:西南财经大学出版社,2015.

3）关系（Relationship）

在企业与客户的关系发生本质性变化的市场环境中，抢占市场的关键已转变为与顾客建立长期而稳固的关系。与此相适应，企业产生了 5 个转向——从一次性交易转向强调建立长期友好合作关系；从着眼于短期利益转向重视长期利益；从顾客被动适应企业单一销售转向顾客主动参与生产过程；从相互的利益冲突转向共同的和谐发展；从管理营销组合转向管理企业与顾客的互动关系。4R 营销理论认为，如今抢占市场的关键已转变为与顾客建立长期而稳固的关系，把交易转变成一种责任，建立起和顾客的互动关系。而沟通是建立这种互动关系的重要手段。①

4）回报（Reward）

任何交易与合作关系的巩固和发展，都是经济利益问题。因此，一定的合理回报既是正确处理营销活动中各种矛盾的出发点，也是营销的落脚点。由于营销目标必须注重产出，注重企业在营销活动中的回报；所以企业要满足客户需求，为客户提供价值，不能做无用的事情。一方面，回报是维持市场关系的必要条件；另一方面，追求回报是营销发展的动力。营销的最终价值在于其是否具备给企业带来短期或长期的收入能力。②

4. 整合营销理论（4I 原则）

整合营销理论（4I 原则）包括趣味原则（Interesting）、利益原则（Interests）、互动原则（Interaction）和个性原则（Individuality）（图 2-6）。4I 产生和流行于 20 世

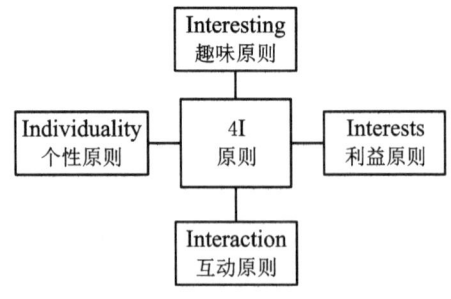

图 2-6　整合营销理论（4I 原则）

---

① 陈琦. 国际市场营销[M]. 大连：东北财经大学出版社，2012.
② 周伦斌. 旅游市场营销实践[M]. 北京：中国旅游出版社，2010.

纪90年代,由美国西北大学市场营销学教授唐·舒尔茨(Don Schultz)提出。整合营销就是"根据企业的目标设计战略,并支配企业各种资源以达到战略目标"。整合营销倡导更加明确的消费者导向理念。

5. STP

STP即目标市场营销。从字面意思可以看出,STP是指组织将营销对象聚焦于有购买欲望和兴趣的消费者身上。它由市场细分、目标市场和市场定位三大要素构成,是构成现代市场营销的重要内容,已被全球众多企业广泛采用。具体实施步骤如下:①对市场进行细分,剖析细分市场,甄别目标客户;②通过目标客户来选择主要的目标市场;③基于各目标市场,制定发展定位策略,最终拟定营销组合。①

1) 市场细分

市场细分指的是在一定的标准下,基于消费群体的特征将整个市场划分为若干个子市场。其中,每个子市场由有着相同消费倾向的消费群体构成。每一个消费群体代表一个细分市场。市场细分可以帮助企业将原本复杂庞大的市场划分为若干个小的细分市场,促使服务更加具有针对性和高效率。细分市场不是依据产品品种来划分的,而是从消费者的角度出发,依据消费者的购买行为、动机、需求等方面的多样性和差异性来划分的。

2) 目标市场

企业在完成市场细分之后,面对若干个子市场,需要评估这些子市场的吸引力,最终选择进入的市场就是目标市场。由于不同顾客的需要不一样,即使是同类产品,不同的消费者也具有不同的需求。因此,在市场经营过程中,企业应该明晰自身某种产品所需的客户,也就是所谓的目标客户。目标市场范围的确定至关重要,常见的类型②如下:

(1) 产品、市场集中型。即只选择生产某种产品、只选择某一个细分市场。这一类型虽然能够很好地满足某一类消费群体的需求,但经营风险较大、市场应变能力较弱,适用于小企业。

(2) 产品专业化型。企业也只生产一种产品,不过会向不同的细分市场销

---

①② 刘鹏. TCL家电集团营销策略研究[D].呼和浩特:内蒙古大学,2019.

售这一产品。这种类型的优点在于企业可以集中优势专注于这一产品的研发和生产,技术性较强;缺点在于行业内会有新的技术和研发手段出现,可能会替代该产品,导致该产品销量下降。

(3)市场专业化型。为满足某一类特征的消费群体的各种需求,企业只生产在性能方面有所区别的同类产品。比如,专门为老年人设计不同种类的保健产品。这种类型的优点在于产品种类丰富,可以很好地分散经营风险;缺点在于受某类群体的影响较大,当这类群体的需求下降时,产品的销量也会下降。

(4)产品、市场选择型。这一类型的企业选择性较强。它们会有针对性地进入几个不同的细分市场,为不同的消费群体提供不同性能的同类产品。这一类型的优点也是可以在一定程度上分散经营风险。

(5)整体市场型。这一类型比较全面化,即企业全方位地进入所有的细分市场,为所有的消费群体提供不同性能的系列产品。适用于规模较大且具有全球性战略的品牌企业。

3)市场定位

确定好目标市场后,下一步便应该进行市场定位,这是营销成功与否的关键。市场定位,即"营销定位"。通俗来讲,就是指企业确定产品在目标市场上所处的位置。学者 Maggard 在 1976 年发表论文,认为定位不等同于单一的服务,而是融合了多种理念,是潜在消费群体在比较了各种产品之后形成的一种知觉、印象和感受的组合。因此,这里的关键之处在于企业要想方设法找出自己产品的独特竞争优势。市场定位具备三个步骤:一是识别潜在竞争优势,二是核心竞争优势定位,三是战略制定。①

6. SIVA 理论

舒尔茨认为传统的 4P 营销理论应该被新的 SIVA 理论代替,SIVA 即解决方案(Solution)、信息(Information)、价值(Value)和途径(Access)。营销人员不再主导一切,而应将权力移交转移到消费者手上。客户或潜在客户成了发送信息的人,而不是索取信息的人。组织则变成了接收者与呼应者。

---

① 刘鹏. TCL 家电集团营销策略研究[D]. 呼和浩特:内蒙古大学,2019.

(1) 解决方案(Solutions):我如何解决自己的问题?
(2) 信息(Information):我可以通过什么方式来了解更多信息?
(3) 价值(Value):我需要牺牲什么来解决这个问题?
(4) 途径(Access):在什么地方可以得到解决方案?

消费者在表达需求并不断寻找、修正并最终确定自己的解决方案的过程,实际上就是在SIVA构成的网络路径中不断调整方向、选择新路径并最终找到入口(Access)的过程。消费者在这个历程中的每一次驻足和跳转,都是营销者和消费者建立品牌沟通的机会。营销者需要利用和把握好每一次个性化(One by One)的品牌对话机会,为消费者提供实时(Real-time)的信息支持,以帮助消费者缩短决策路径,快速到达入口。[①]

SIVA的架构更加合理,代表着从4P理论的一个巨大飞跃。SIVA的假设是:在现阶段这个供过于求、信息混杂的世界,消费者已经不是用明确的方式去寻找满足他们需求的产品,而是寻求任何能够成功解决他们问题的方式。于是他们就会寻找能指引他们找到适合的解决方式的信息。这就是这个框架天真、理论化的地方——在寻找解决方式的时候,消费者更易受情感的影响,因此聪明的商人会想方设法制造一些积极的感觉,以及散播关于这个解决方法的相关信息。可能在这里,比"信息"更合适的一个"I"是"灵感"(Inspiration)。消费者只有在觉得提供给他们的价值是值得的时候才会购买产品。在这一点上,德夫和舒尔茨明智地警告说,"价值根本就不等同于价格:它对于这一底线或基本要求更重要,即品牌通过品牌体验的品质来增加价值以及它能否促使消费者愿意花费更多,而非更少"。最后是途径,SIVA理论认为,消费者既要求他们所要的东西,也要求需要这些东西的时间、地点和方式。因此,多样化的重复送货机制是当今之时尚,可能可口可乐公司"触手可得"的口号最好地概括了这一点。提供这种级别的到达消费者的途径需要创新性思考,它远远超越传统的分销观念。[②]

SIVA模型的重点在于以消费者为核心,以搜索引擎的广泛使用为驱动力,品牌扮演的角色是为消费者找到答案。当SIVA理论与搜索平台结合,便能为消费者提供实时的解决方案。信息在不断更新,以消费者希望的方式出现,同

---

① 倪宁. 大数据营销[M]. 北京:中国人民大学出版社,2015.
② 汉密士·普林格,彼得·菲尔德. 品牌长青[M]. 北京:中国铁道出版社,2010.

时消费者还可以参与,去评估、修改问题,以至重新搜索。简言之,SIVA 理论可以在搜索平台上得到完整体现。

2.3.3 生产运营管理与项目管理方向的常用分析工具

1. PDCA 循环

PDCA 循环由美国质量管理专家休哈特博士首先提出。由戴明采纳、宣传,并最终获得普及,所以又称"戴明环"。全面质量管理的思想基础和方法依据就是 PDCA 循环。PDCA 循环的含义是将质量管理分为四个阶段(图 2-7),即 Plan(计划)、Do(执行)、Check(检查)和 Action(处理)。在质量管理活动中,要求把各项工作按照"作出计划、计划实施、检查实施效果"的步骤逐一落实,然后将成功的纳入标准,不成功的留待下一循环去解决。这一工作方法是质量管理的基本方法,也是企业管理各项工作的一般规律。①

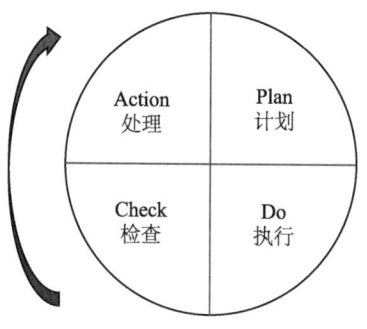

图 2-7 戴明环(PDCA 循环)

如图 2-7 所示,计划,包括方针和目标的确定,以及活动规划的制订。执行,即根据已知的信息,设计具体的方法、方案和计划布局,再根据设计和布局,进行具体运作,实现计划中的内容。检查,即总结执行计划的结果,分清哪些对了、哪些错了,明确效果,找出问题。处理,即对总结检查的结果进行处理,对成功的经验加以肯定,并予以标准化;对于失败的教训也要总结,引起重视。对于没有解决的问题,应提交给下一个 PDCA 循环去解决。以上四个过程不是运行一次就结束,而是周而复始地进行。一个循环结束后,能解决一些问题,未解决

---

① 康乐.企业全面预算管理的困境及对策探讨[J].全国流通经济,2019(24):29-30.

的问题进入下一个循环,实现"阶梯式"上升。①

PDCA 循环是全面质量管理所应遵循的科学程序。全面质量管理活动的全部过程,就是质量计划的制订和组织实现的过程,这个过程就是按照 PDCA 循环不停顿地周而复始地运转的。

2. 鱼骨图

鱼骨图(图 2-8),又名因果图、石川图,指的是一种发现问题"根本原因"的分析方法,现代工商管理教育将其划分为问题型、原因型及对策型鱼骨图等几类。

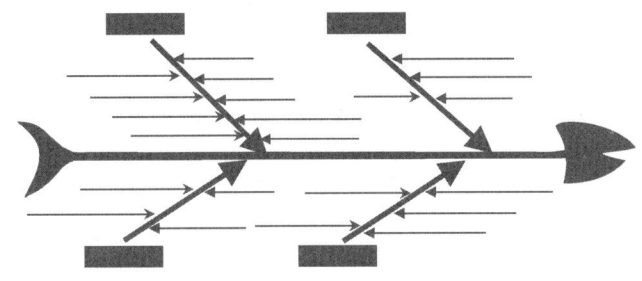

图 2-8　鱼骨图

问题的特性总是受到一些因素的影响,我们可以通过头脑风暴法找出这些因素,并将它们与特性值一起,按相互关联性整理而成的层次分明、条理清楚,并标出重要因素的图形就叫特性要因图、特性原因图。因其形状如鱼骨,所以又叫鱼骨图,它是一种透过现象看本质的分析方法。鱼骨图也用在生产中,用来形象地表示生产车间的流程。

鱼骨图的特点是简洁实用,深入直观。它看上去有些像鱼骨,问题或缺陷(即后果)标在"鱼头"处。在鱼骨上长出鱼刺,上面按出现机会多寡列出产生问题的可能原因,有助于说明各因素是如何影响后果的。根据使用方式的不同,鱼骨图大致可以分为如下三类:

(1) 整理问题型鱼骨图(各要素与特性值间不存在原因关系,而是结构构成关系);

---

① 李婧,葛晓冬,许莹. 嵌入 PDCA 循环的高校财政专项管理研究[J]. 教育财会研究,2018,29(1):13-19.

(2) 原因型鱼骨图(鱼头在右);

(3) 对策型鱼骨图(鱼头在左,特性值通常以"如何提高/改善……"来写)。①

3. 帕累托图

帕累托图(Pareto Chart)是将出现的质量问题和质量改进项目按照重要程度依次排列而采用的一种图表,是以意大利经济学家维弗雷多·帕累托的名字而命名的。帕累托图又叫排列图、主次图,是按照发生频率大小顺序绘制的直方图,表示有多少结果是由已确认的类型或范畴而造成的。

帕累托图的绘制过程存在两个重要概念,即"帕累托最优"和"帕累托改进"。"帕累托最优"是指资源分配的一种理想状态,它假定固有的一群人和可分配的资源,从一种分配状态到另一种分配状态的变化中,在没有使任何人境况变坏的前提下,不可能再使某些人的处境变好。"帕累托改进"(Pareto Improvement)的定义是一种变化,在没有使任何人境况变坏的前提下,使得至少一个人变得更好。帕累托最优的状态就是不可能再有更多的帕累托改进的余地;换句话说,帕累托改进是达到帕累托最优的路径和方法。②

帕累托图的绘制,一般包含如下 8 个步骤。

(1) 数据的收集。

从发现的不良、灾害及错误等问题点收集数据,可以根据问题发生状况及性质来决定数据集计的周期,例如,以 1 个月、3 个月(一年 4 次)为周期,也可以根据问题的具体情况每星期来收集。

(2) 将数据根据原因及内容进行分类。

原因可按材料、机械、作业者、作业方法等进行分类,内容可按不良项目、场所、时间进行分类。③

(3) 根据分类项目来整理数据,并制作计算表。

---

① 秦杨勇."互联网+"战略绩效管理[M].北京:中国财富出版社,2016.
② 王佐书,谢春风.公平[M].北京:台海出版社,2014.
③ 于向东,张森,徐竹青.软件需求开发最佳实践——基于模型驱动的需求开发过程[M].北京:清华大学出版社,2014.

分类项目按数据多少由大到小排列,"其他"项目不论多大都是排在最后。①

(4) 图表中纵轴和横轴的绘制。

纵轴和横轴最好是一样长,并适当地决定刻度的间隔。纵轴的坐标终点应稍大于数据的合计数,并且恰当选择(凑整)。横轴按项目的数据多少从左至右依次排列,并在下面记入相应的项目名称。纵轴记录件数、金额等特征值;横轴记录分类项目。②

(5) 柱状图的绘制。

柱状图中"其他"项放置最右端,各项目之间无间隔。"其他"项不论有多大,应放在最右端作为最后一个项目,并且作为检讨的对象。③

(6) 累积曲线的绘制。

累积的值在各个柱状图的右上部打点,然后用直线连接这些点,作出折线。折线的起始点为 0。折线即帕累托图的累积曲线。

(7) 累积比率的计算。

在帕累托图的右侧作纵轴,与左侧轴相应地建立右纵轴的起点(0)、终点(100%),将 0～100% 的长度进行等分,并记录刻度。例如,20% 可以五等分,10% 可以十等分。即使数据比率的合计值超过 100%(累积为 100.1%,四舍五入的原因),仍应以 100% 为准记录纵轴。终点(100%)的确定为:从左侧纵轴的数据合计数点引出横轴平行线(即垂直于左侧纵轴),其必与左侧纵轴相交,即其相交点位右纵轴 100% 点数据的修约口诀为"五下舍五上入,整五偶舍奇入",即 5 以下舍去、5 以上入 1 的原则。当数字是 5 时,要看其前的数字而定,若是偶数则舍去,若是奇数则入 1。④

(8) 记录必要事项。

① 帕累托图表的表题在图表的下部补充;

② 记录数据的收集时间;

③ 记入数据的合计值,例如件数、金额;

④ 记入绘制图表的日期。

---

①②③④ 于向东,张森,徐竹青. 软件需求开发最佳实践——基于模型驱动的需求开发过程[M]. 北京:清华大学出版社,2014.

4. 价值流程图

价值流程图(Value Stream Mapping,VSM)是丰田精益制造(Lean Manufacturing)生产系统框架下的一种用来描述物流和信息流的形象化工具。VSM可以作为管理人员、工程师、生产制造人员、流程规划人员、供应商以及顾客发现浪费、寻找浪费根源的起点。从这点来说,VSM还是一项沟通工具。VSM往往也被用作战略工具、变革管理工具。它通过形象化描述生产过程中的物流和信息流,来达到上述工具目的。从原材料购进的那一刻起,VSM便开始工作了。它贯穿于生产制造的所有流程、步骤,直到终端产品离开仓储。[①]

价值流程图涉及以下7种工具[②]:

(1) 流程活动图(Process Activity Mapping)。起源:工业工程。

(2) 供应链反应矩阵(Supply Chain Response Matrix)。起源:时间加速与后勤学。

(3) 生产多样性漏斗(Production Variety Funnel)。起源:运营管理。

(4) 质量过滤图(Quality Filter Mapping)。

(5) 需求扩大图(Demand Amplification Mapping)。起源:系统动力学。

(6) 决策点分析(Decision Point Analysis)。起源:有效消费者反应/物流学。

(7) 物理结构图(Physical Structure Mapping)。

价值流程图分析关注的有八大浪费事项,具体包括不良/修理的浪费、过分加工的浪费、动作的浪费、搬运的浪费、库存的浪费、制造过多/过早的浪费、等待的浪费以及管理的浪费。八大浪费并不是在有VSM之后提出的,以丰田为代表的企业早在20世纪60年代就提出了这一概念。其中,管理的浪费直到20世纪90年代才真正得到人们的重视。[③]

基于浪费,人们提出了精益生产管理的概念。精益生产管理的着眼点之一是创造价值,把不产生价值却占用企业资源的业务(情报)流程环节、实物流程

---

① 张驰,张永嘉. 精益六西格玛:精益生产与六西格玛的完美整合[M]. 深圳:海天出版社,2010.

② 段伟文. 创新方法应用能力等级规范培养与实践[M]. 北京:中国广播影视出版社,2016.

③ 张俊峰. 宝钢股份某热镀锌改造项目进度控制管理研究[J]. 四川水泥,2016.

环节全部删除。通过解决重复、停顿现象去发现问题,使得管理流程的价值最大化。[①]

5. 任务分解法

任务分解法(WBS)跟因数分解的原理类似。它把一个项目,按一定的原则分解。项目分解成任务,任务再分解成工作,再把工作分配到每个人的日常活动中,直到分解不下去为止,即项目→任务→工作→日常活动。它归纳和定义了项目的整个工作范围,每下降一层代表对项目工作的更详细定义。WBS处于计划过程的核心,是制订进度计划、资源需求、成本预算、风险管理计划和采购计划等的重要基础。该方法同样可以应用于人力资源管理领域。

任务分解的原则主要包括以下三点[②]:

(1) 将主体目标逐步细化分解,最底层的日常活动可直接分派到个人去完成。

(2) 每个任务原则上要求分解到不能再细分为止。

(3) 日常活动要对应到人、时间和资金投入。

任务分解的方法主要包括以下两种[③]:

(1) 采用树状结构进行分解。

(2) 以团队为中心,采取自上而下、自下而上相结合的方法充分沟通,一对一分别交流与讨论,分解单项工作。

任务分解的标准包括以下两种[④]:

(1) 分解后的活动结构清晰,从树根到树叶,一目了然,尽量避免盘根错节。

(2) 逻辑上形成一个大的活动,集成所有的关键因素(包含临时的里程碑和监控点),所有活动全部定义清楚,要细化到人、时间和资金投入。

2.3.4 战略管理方向的常用分析工具

1. SWOT 分析

SWOT 分析是指利用企业的优势(Strength)、弱势(Weakness)、机会

[①] 张俊峰. 宝钢股份某热镀锌改造项目进度控制管理研究[J]. 四川水泥, 2016(10): 281, 283.
[②][③][④] 张建民等. 现代企业生产运营管理[M]. 北京: 机械工业出版社, 2013.

(Opportunity)和威胁(Threats)这四个因素,建立 SWOT 矩阵,确定出 SO(成长型战略)、WO(扭转型战略)、WT(防御型战略)、ST(多种经营战略)战略的方法(图 2-9)。

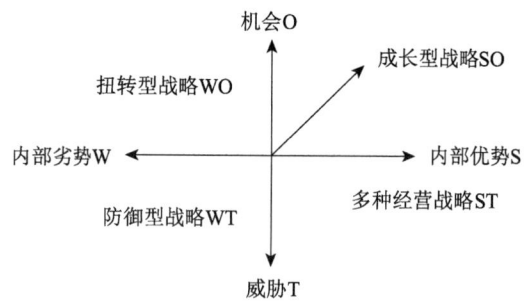

图 2-9　SWOT 分析图

SWOT 分析是制定战略匹配阶段的分析工具。这个矩阵是在内部、外部关键成功因素确定的基础上,根据判断结果将内部优势与弱势、外部机会与威胁分别列出,由内部与外部的两种状态以及相互匹配关系,形成了以下四种不同的组合(图 2-10)。

	优势-S 1 2 ⋮ n　优势项目	弱势-W 1 2 ⋮ n　弱势项目
机会-O 1 2 ⋮ n	SO 1 2 ⋮ n　发挥优势 利用机会	WO 1 2 ⋮ n　利用机会 克服弱势
威胁-T 1 2 ⋮ n	ST 1 2 ⋮ n　利用优势 回避威胁	WT 1 2 ⋮ n　减少弱势 回避威胁

图 2-10　优势-弱势-机会-威胁矩阵(SWOT)

2. 波特五力模型

波特五力模型由迈克尔·波特(Michael Porter)于 20 世纪 80 年代初提出。他认为行业中存在着决定竞争规模和程度的五种力量,这五种力量综合起来影响着产业的吸引力以及现有企业的竞争战略决策。五种力量分别为同行业内现有竞争者的竞争能力、潜在竞争者进入的能力、替代品的替代能力、供应商的讨价还价能力以及购买者的讨价还价能力。①

波特对于管理理论的主要贡献,是在产业经济学与管理学之间架起了一座桥梁。波特的竞争力模型的意义在于,五种竞争力量的抗争中蕴含着三类成功的战略思想,即总成本领先战略、差异化战略和集中战略。

3. PEST 分析

PEST 分析,即宏观环境分析。宏观环境的定义较为宽泛,通常包含社会宏观环境和行业环境。前者对企业的影响不太明显,是间接性的,由政治、经济、法律、社会文化及科学技术等因素构成。后者对企业的影响非常明显,具有直接性,由供应商、购买者、竞争者及潜在加入者等构成。通过 PEST 分析,可以非常直观地观察企业所处的内外部环境变化,从而为企业制定科学的发展战略提供有利条件。对宏观环境因素的分析,不同的企业由于自身情况不同,所分析的具体内容会有差异,但一般包括四大类因素:政治、经济、社会和技术。②

政治环境是指一个国家或地区的政治制度、方针政策和法律法规等,对企业长期的投资行为影响较大;经济环境主要因素包含 GDP、通货膨胀、利率水平和汇率等,是指组织在实施营销活动过程中面临的外部经济条件、运行情况以及变化趋势等;社会环境是指在一种社会形态下形成的宗教信仰、风俗习惯、道德规范及价值观念等各方面的总和;技术环境是指新产品、新技术和新工艺对组织带来的影响与变化。③

4. 战略地图

战略地图由罗伯特·卡普兰(Robert S. Kaplan)和戴维·诺顿(David P. Norton)提出。战略地图是在平衡记分卡的基础上发展起来的,如图 2-11 所示。与平衡记分卡相比,它增加了两个层次。一是颗粒层,每个层面下都可以分解为很多要素;二是动态的层面,即战略地图是动态的,可以结合战略规划过程来绘制。

---

① 肖盛丽. S 饮料机械公司售后备件库存管理研究[D].上海:上海外国语大学,2019.
②③ 刘鹏. TCL 家电集团营销策略研究[D]. 呼和浩特:内蒙古大学,2019.

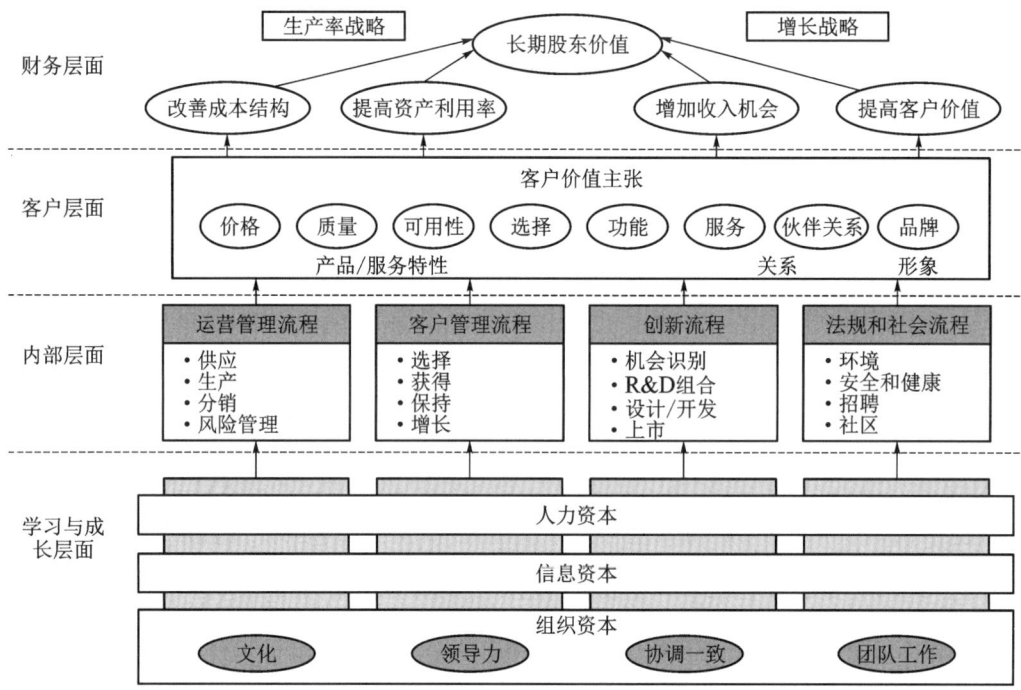

图 2-11　战略地图说明企业如何创造价值

第 3 章

论文的选题与开题

【本章概况】

　　介绍了 MBA/EMBA 学位论文的选题原则与开题规范,主要聚焦于如何选题与如何撰写开题报告两个方面。论文的选题与开题实际上是论文写作的方向与框架设定,是后期论文写作的大纲,具有先导性意义。一个思路清晰、框架结构严密的开题是后期论文写作的关键。本章主要解决两个问题:(1)如何选题;(2)如何撰写开题报告。

3.1 选题原则

选题应紧密围绕工商管理领域的现实问题。选题需要具备明确的现实背景，要求从企业管理的实践中发现并提炼问题，提倡问题导向性研究和典型案例研究。依据工商管理的理论、知识和工具展开应用分析。分析论述应具有针对性和逻辑性。提出的解决方案应有助于解决论文所选择的研究问题。论文内容应避免空泛描述现状而缺乏分析研究。选题不宜过大、宽泛、冗长，提倡"小题大做"或"小题深做"，应对当前工商管理实践具有现实意义。

MBA/EMBA学生选题时应遵循以下几个原则：企业作为研究对象，以问题为导向，研究范围可控。

1. 企业作为研究对象

选题应具有现实意义，所谓现实意义，就是企业所面临的难以解决的问题，论文切忌以整个行业为研究对象，试图为整个行业提供解决对策或者解决方案。

选题方向可以是行业发展的特定阶段呈现的问题，选题需要结合行业发展背景，分析当前行业发展趋势，从而实现论文的现实意义。

2. 以问题为导向

MBA/EMBA学生在个人职业发展规划过程中，对未来所从事的岗位、职能有着清晰的想法和具体的发展路径，在撰写论文时可以进一步提升自己发现问题、分析问题和解决问题的能力，需要更加注重相关的知识和理论的应用。

整体说来，选题应针对企业面对的难题来提炼问题，围绕当前的工作问题来收集、梳理资料，通过抽丝剥茧，对企业的问题进行准确识别，以解决实际问题为导向，而非进行理论性的研究。所谓的问题导向，大多数学生非常容易把论文写成企业的实务报告，这就是缺乏对"问题"本身的提炼。关于真正的"问题"，是专业学位论文要解决实际的问题的"问题"，这个"问题"是企业现实和目标之间的差距。所以是否能清晰理解所做事情的目标就非常关键，理清目标也需要借助理论的指导，否则就只能是就现象而现象，没有抽象到事务的本质。

有些MBA/EMBA学生希望选择一个自己喜欢的领域完成论文。因为喜欢这个领域，完成论文之后，还准备从事相关领域的工作。这种想法固然很好，但实施起来可能会有困难,容易导致论文"难产"。例如,有的学生从事企业行政管理方面的工作,却一直想向金融领域发展,因此想写金融领域的论文,但由于对该行业的接触较少,难以获得相关材料,增加了论文写作的难度。

3. 研究范围可控

有些 MBA/EMBA 学生对专业学位论文有"鸿篇巨制"的错觉,在选题时往往容易出现选题过大、涉及面广泛的问题,认为这样的选题才"有话可说"。选题过大会导致文章论述容易停留在表面,无法将问题论证清晰;而且选题过大、涉及面过宽,容易让论文失去重心,且没有论证过程。因此,MBA/EMBA 专业学位论文的撰写应针对某个单一问题展开,提供有理论支持的解决方案,论文写作宜精准而深入,应深入剖析问题、分析问题和有针对性地解决问题。

3.2 如何选题

选题的第一步就是发现问题。发现问题往往是一个论文课题的开始,也是所有论文工作围绕的主旨,更是最终要通过研究结果和严谨论证来达成研究目标。斯图亚特·费尔斯坦在《无知:如何驱动科学》中写道:"一个好问题能激发出不同层面的答案,能鼓舞人们用几十年的时间去搜寻解决方案,能衍生出全新的研究领域,还能让人们根深蒂固的想法发生改变。"

工商管理领域可讨论的问题很多,许多不同行业背景、不同职位的 MBA/EMBA 学生面对论文写作的第一难题是不知道怎么来选题。

三点式结构与选题

3.2.1 论文选题的指导思想——三点式结构

MBA/EMBA 的学习属于专业学位教育范畴,其论文结构与学术型硕士论文有很大差异。学术型论文强调的是科学验证,需要验证某一个变量和另外一个变量之间的关系,要耗费大量人力、物力去调查取证,设计、发放问卷,设计精巧、可行的实验,并需要论证研究的可靠性。这类论文的研究过程十分严谨,每一个研究都是一个严密的逻辑推理过程。

而作为 MBA/EMBA 专业的经管类学生,撰写学位论文主要是为了解决企业管理过程中产生的实际问题。学位论文解决上述实际问题的过程,实质上便

是将所学管理理论应用到企业日常实践的过程。基于此,我们提出论文选题一般采取的三点式结构(图3-1):

(1) 坚持问题导向,针对某一个单一问题点展开,不能如传统教材那样面面俱到。

(2) 要有对应的明确的理论加以指导,理论与问题也要呼应。

(3) 体现管理理论的应用,给出针对所提问题的解决方案。

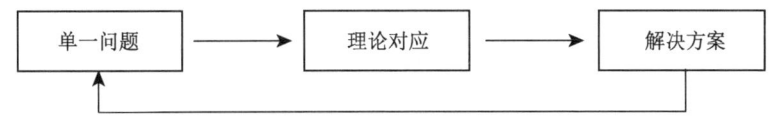

图3-1 论文三点式结构

"问题—理论—解决方案"的三点式结构主要强调三者之间的呼应,解决方案要呼应前面的理论,理论要解决实际问题。理论和解决方案是互相对称的,理论的架构决定了研究方案的设计,解决方案对应的是问题点。问题分析实际上是在理论框架的支持下提炼问题。所以这三者不断呼应、不断循环,而论文就是在这样的循环过程中,将问题、理论、解决方案越来越清晰地呈现出来。

在思维方式上,首先需要发现问题,从初始疑问出发,通过"疑问—回答"的方式,层层提出疑问。上一层次是对下一层次思想的概括、总结,下一层次是对上一层次思想的解释、支持。对纵向上提出的层层疑问,需要横向结构进行回答。同时,横向上的每一组思想,都必须属于同一逻辑范畴。

"问题"到底是什么?

选题实例1

杨同学曾担任深圳某中小型企业的研发部门主管。因工作能力突出,后被老板安排担任生产部门主管。自担任生产主管以后,他发现部门管理混乱,库存积压很多却又无法满足供应链需求。在这样的背景下,他对选题有很大的疑惑,不知道自己应该聚焦研发方向,还是应该着眼于生产管理方向。

在学习"运营管理"课程的过程中,他发现任课教师课堂上讲授的物流ERP系统与自己目前面临的工作困境比较契合。物流ERP系统可以将物料控制、生产与运输、零售与仓储等物流环节编进系统,实现一体化管理。于是他多次与老师讨论自己的工作问题。由于自己本身是研发出身,对于程序研发较为熟悉,在领会了物流 ERP 流程和核心的逻辑之后,便带领自己的团队去编程,用自己设计的一些程序把这个问题解决了。

杨同学希望以该项工作作为自己选题的初始思考,但是在选题上遇到了困难。他不知道应该选择项目管理方向还是物流供应链方向,因为这项工作对两个方向均有涉及。他从事研发工作多年,手里有大量研发的数据,对研发工作也较为熟悉;而在生产运营环节,他刚刚上任,手里的材料不够丰富;但是这项工作的核心问题便是解决了生产计划与需求计划的问题。在学习运营管理相关理论以后,他理清了混乱的工作流程,利用软件程序解决了物流管理问题。慢慢地,他发现如果单纯写项目研发的一套流程,并没有切实讨论到某一个问题点;而从生产运营管理的视角,这项工作的问题主要集中于物流管理的问题。围绕物流管理混乱这一难题,结合运营管理相关理论,逐步论证运营计划与需求计划之间的逻辑,才是最终论文需要研究的方向。

选题实例 2

石同学作为某大型央企旗下三级子公司的市场部经理,从事营销工作5年,在营销方面具备丰富的工作经验,因此希望研究营销领域的相关问题。但是结合自己的职业生涯规划和 MBA 课程学习内容,发觉自己对战略管理领域更感兴趣,希望未来可以参与公司的高层战略制定,为此他将自己的选题定位为战略管理方向。

但是论文在开题环节就遭遇困境。因央企的组织结构庞大复杂,作为三级子公司,自己对其在整个集团的位置及影响力并不熟悉,在"问题澄清"上便遭受了巨大的挑战。而且在实际工作中,三级子公司的战略制定往往与集团总公司的战略相一致,子公司存在的各种问题与战略规划之间脱节较大,许多战略措施实施起来难度很大、落地不多,也给后期措施改进环节增加了很多困难。

虽然石同学深入学习了战略管理的相关理论并阅读了大量文献,但是在与公司实际问题相互呼应、验证的过程中却发现理论与实际相距甚远,自己的选题迟迟无法确定具体方向。在与导师多次讨论后,勉强开题,但是论文在资料收集过程中也遇到了困难。由于公司战略制定相关信息并不对外公开,论文中需要的素材较难获取,因此,前期论文工作进展缓慢,导致论文内容空洞,在论文盲审环节被专家退回。

3.2.2 具体的选题操作方法

1. 浏览捕捉法

第一步,在选题之前,必须大量阅读文献。通过文献阅读,查找当下研究前沿中重要的观点、论据,以便为自己的论文提供必要的支撑。在阅读过程中,对于重要的文献,要做好精读。通过思维导图等方法,记下文献的大纲、论点论据及重要的数据和好的表达方法。当然,笔记记录时要做到纲举目张,要有选择、有重点。

第二步,将阅读所掌握的工商管理知识,进行汇总、分析、整理和整合,从中寻找问题、发现问题。

第三步,将自己在工作实践中的体会与资料加以比较,进行全方位的分析归整,最终确定自己的写作题目。

2. 追溯验证法

第一,看想法是否可以填补目前的研究空白。自己提出的研究问题(想法)应该是当下的研究中没有出现或者考虑得比较少的问题,或者能解决企业面临实际困难的问题。

第二,如果自己的设想在既有研究中并未发现或比较少见,但目前自身掌握的理论尚不足以对设想进行充分的讨论和论证。考虑学位论文完成时间的要求,则应该重新构思自己的研究问题。

第三,要善于捕捉"一闪之念"和"小题大做",抓住日常工作中产生的灵感和小的问题不放,并扎实开展研究。在查阅文献或现场调查、调研的过程中,有时很容易就观察到细微的现象并产生思维火花。尽管这种想法可能会比较简单,但不可放弃,也许它便是一个非常值得研究的问题。

3.2.3 论文选题的误区

1. 专著型论文

一些 MBA/EMBA 学生由于论文选题不清容易形成一些论文写作的误区。由于对理论理解不到位,许多同学喜欢收集很多理论,然后将理论堆砌,拼凑成一篇类似专著的论文。这类论文就像一本教科书,每一类理论都会提及。它看似很全面,但是文章没有问题点,造成论文内容不集中、不具体。

2. 行业研究报告

有些同学深耕行业数年,对行业发展的各种问题深谙于心,在论文选题时容易剑走偏锋,将论文写成行业研究报告。行业研究报告虽然罗列了许多问题,但是由于没有论证,并不能体现作者对问题的思考。专业学位的硕士论文是要发现现实的管理问题,然后加以解决,而不是撰写行业研究报告。同时,也要避免将学位论文写成企业内部报告。例如,有些学生在企业中负责管理工作,聚焦于精益管理,于是便把企业精益管理的整个过程展示出来,这样的企业报告也不符合论文写作的要求。

MBA/EMBA 学生选好论文题目,不仅需要一定的管理理论知识,还需要结合具体的工作实践。在论文写作过程中反复将观点、内容与选题、标题相结合。选题恰当与否直接影响学位论文的质量,关系论文的成败。在选题过程中,一般有 12 种常见问题,如表 3-1 所列。

表 3-1 论文选题过程中常出现的问题及示例

序号	选题常出现的问题	具体示例
1	题目太大	企业应对金融危机的方法
		中国企业创新思路探究
2	题目太小	财务软件开发企业研发团队管理的效果评估
3	题目空泛	A 企业产品开发市场战略研究
		A 企业存在的若干问题研究
4	题目冗长 (不应超过20字)	××银行××分行股份制改制时期××××绩效考评系统的研究 (修改建议:××行××分行×××系统研究)
		国退民进:中小企业走出困境的新路——××集团公司××××改革的实践与探索 (修改建议:××集团公司×××方案研究)
5	以研究领域为题	房地产业市场营销研究
		我国证券业市场分析

(续表)

序号	选题常出现的问题	具体示例
6	偏向理论研究	非理性估价与公司投融资决策研究
7	选题过难	我国国有企业改革历程及其方向研究
7	选题过难	私营企业融资难及原因分析
8	选题陈旧	中国加入WTO的利弊及对机械工业的影响与对策
9	题目不符合专业要求	万州地区江河道管理研究
10	随大流或赶时髦	数字经济时代数字货币研究
11	用词不当	××公司××××现状与问题浅析 (试论、浅析、初探、思考、探索、刍议等措辞均不适用到论文题目中,使用"研究"为宜)
12	使用领导讲话或新闻报道的题目	全员参与管理、提高市场竞争力,践行社会主义核心价值观,打好节能减排攻坚战

以营销方向为例,下文给出了选题优化的思路与示例。

示例1

如何调整"简单粗暴"类选题?

以《××公司××产品的市场营销策略研究》为例,对于这类"简单粗暴"的论文题目,可以在企业、行业上进行细分,甚至需要聚焦到某一品牌或产品,如:

- 腾讯互联网虚拟装扮业务市场营销策略研究
- S品牌手机服务营销策略研究
- A商场体验式服务营销策略研究
- 手机游戏《部落战争》市场营销策略研究
- A集团商业地产购物中心营销策略研究
- HP公司液压产品在轨交行业中的营销策略研究

示例 2

对比优化选题

可以在论文题目上加上前缀或限定性词语,如:
- YC 公司的售后服务流程优化研究
- A 品牌 4S 店基于客户分类的 4R 营销策略研究
- 移动互联时代 S 公司市场营销战略转型研究
- BS 汽车多媒体业务结构转型升级战略研究

 示例 3

深度聚焦类

在拟定论文题目时,可以深度聚焦市场营销某一领域,如:
- 苏宁环球品牌延伸策略研究
- 医疗器械 A 公司社交媒体营销推广策略研究
- 基于用户体验的互联网汽车产品定义方法研究
- 基于价值链理论的汽车经销商盈利模式变革研究

 示例 4

耳目一新类

论文撰写要求具有一定新颖性,在论文题目中就可以体现,如:
- D 企业全网营销战略框架构建与应用研究
- 移动互联时代 D 公司市场营销项目化管理模式研究
- 循环包装辅材营销危机管理研究与改善

3.3 如何撰写开题报告

撰写开题报告可以使 MBA/EMBA 学生进一步明确论文的研究内容、研究思路和研究方向。通过系统性的文献综述，MBA/EMBA 学生可以对自身研究的可行性进行充分论证，并依据论文的工作量科学制订相关的时间节点安排。一般来说，自论文开题起至提出学位论文答辩申请，间隔时间至少应达到 8 个月。

1. 阅读文献

在选题之后，论文的研究方向基本确定，可以开始通过文献检索，了解当前研究主题的最新研究现状，思考研究的可行性、独特性。最重要的是通过当前文献研究的情况，说明论文选题的依据。

2. 确定研究目标

研究目标主要是指通过研究，对研究对象采取一定的方法或手段，解决该对象出现的问题，从而达到的目的，一般包括理论目标和实践目标。研究目标要与研究内容有关联。所谓研究内容，是对研究目标的具体化，它指的是实现研究目标所需要开展的具体研究工作。这一部分可概括地写，但应注意研究内容和研究目标之间的呼应。

3. 研究方法

开题时常使用的研究方法有文献资料法、问卷调查法和比较分析法。

（1）文献资料法：通过收集文献、整理相关研究资料，为研究做准备。

（2）问卷调查法：通过走访调研、设计调查问卷、对问卷的数据进行统计学分析等方法，认识该研究主题的现状、存在的问题和解决办法。

（3）比较分析法：比较国内外不同地区之间的差别，从中找出改进的对策。

4. 研究手段（技术路线）

在开题报告中撰写研究可行性时，最主要的是要说明拟采用的研究手段（技术路线），并将具体的技术路线绘制成图（称为技术路线图）。技术路线图是解决研究内容所使用方法的概括。通过阅读技术路线图，便能对如何解决研究内容有了清晰的认识,达到从理论上论证研究可行性的目的。

5. 工作进度安排

开题报告中的时间进度安排,要结合 MBA/EMBA 论文的实际情况,并及时作出调整,主要包括各个时间节点以及每个节点需要做的事情。

第 4 章

文献资料收集与理论准备

【本章概况】

介绍论文写作中文献资料收集与理论准备。主要帮助学生提高资料收集与整理、文献内容概括与整合的能力。本章主要解决三个问题：(1)如何进行快速有效的资料收集；(2)有哪些相关理论；(3)文献综述写作内容与格式要求。

4.1 文献资料收集

4.1.1 文献资料的分类

作为一名 MBA/EMBA 学生,若想撰写高质量的学位论文,势必离不开文献资料的收集和整理。按照论文写作的时间顺序,学生需要查找的文献资料大致可分以下四类,具体如图 4-1 所示。

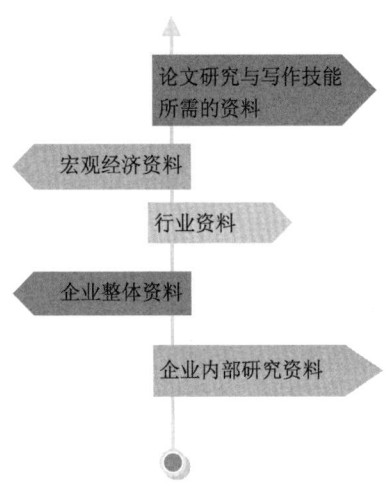

图 4-1 文献资料的分类

1. 论文研究与写作技能所需的资料

这类资料包括教材(特别是与研究问题领域相关的)、各类数据库中存档的学位或期刊论文以及论文写作要求等。例如,撰写与企业日常运营管理相关的学位论文,便需要阅读运营管理领域经典的教材,利用各类数据库检索几十篇与企业运营管理相关的期刊论文,同时还应查阅相关的博士、硕士学位论文。只有通过大量的文献阅读,才能厘清文章写作的内容和形式规范,并形成基础写作能力。

2. 宏观经济资料

论文中需要进行环境分析,宏观经济资料必不可少。除国民经济整体发展资料之外,还需要收集政策、法规、发展趋势等资料。将过去若干年的经济数据制成表格,可以增加环境分析的可信度。

3. 行业资料

对于类似的企业而言,竞争发生在行业中。如果企业对所属行业的了解足够透彻,则制定的策略便越符合实际情况,企业运营成功的概率就越大。MBA/EMBA学位论文旨在解决企业的实际问题,因此学生必须阅读大量的行业资料,以便对研究的问题有更加清晰的认识。行业资料包括行业整体状况、主要指标和竞争对手等。

4. 企业整体资料

从宏观来看,企业是由各类要素构成的一个有机整体。不论MBA/EMBA学生研究的是企业的何类问题,都应对企业的整体有较为深刻的了解。MBA/EMBA学生需收集的企业整体资料包括概况、发展史、组织架构、经营指标和主营业务介绍等。

5. 企业内部研究资料

由于学位论文的切口一般较小,因此MBA/EMBA学生还应根据论文的具体研究内容,有针对性地收集资料。例如,围绕运营管理开展研究,便需要了解企业的运营状况、运营的具体流程、运营中产生的数据和资料等。通过对资料的全面分析,才能对自身研究的内容有充分的认识,也便于有针对性地提出改进措施。

4.1.2 文献的收集及来源

根据不同的划分标准,文献的内容与来源多种多样。按不同的分类标准有不同的内容,但文献的内容与来源大致可分为出版物和网络资料等。表4-1所列为论文写作中常见的文献资料来源与文献特征。

表4-1 常见的文献类型、来源与特征

文献类型	文献来源	文献特征
出版物	图书	文献信息系统、全面、成熟、可靠
	期刊	内容新颖,信息量大,出版周期短,传递信息快,传播面广,时效性强

第4章 文献资料收集与理论准备

(续表)

文献类型	文献来源	文献特征
出版物	科技报告	内容新颖、详细、专业性强,出版及时,传递信息快
	会议论文	代表某一学科的新进展、新发现、新成就以及新设想
	学位论文	论述详细、系统、专深,研究水平较高,参考价值大
	政府出版物	各国的方针政策、经济状况及科技水平的官方信息
	报纸	传递信息快,信息量大,现实感强,传播面广,具有群众性和通俗性
网络资料	百度	全球最大的中文搜索引擎
	谷歌	支持多语种的最优秀搜索引擎之一
	AB/INFOFM Complete	全面覆盖重要的商业经济与管理性学术期刊数据库
	EBSCO	学术期刊和商业信息网络版数据库
	PQDT学位论文	收录欧美1 000余所大学的160多万篇学位论文,覆盖范围广
	中国期刊网	提供中国期刊全文数据库、重要报纸全文数据库、中国引文数据库等数据库
	中国知网	提供CNKI源数据库,外文类、工农医药卫生类等多种数据库
	人文复印报刊资料	收录1995年至今公开发表的人文科学和社会科学中各学科、专业的重要论文和重要动态资料的全部原文
	中国宏观经济信息网	由18类大库、14类中库组成,是目前国内门类最全、分类最细、容量最大的经济类数据库
	国务院发展研究中心信息网(国研网数据库-镜像版)	大型经济类专业网站,全面整合了中国宏观经济、金融研究和行业经济领域的专家学者以及研究成果

4.1.3 文献的检索

关于文献检索与评述,最重要的一点是,只有科学的、已经过同行评议(Peer Review)的文献才应该作为正式的参考文献,纳入 MBA/EMBA 学位论文中。这类文献往往是指出现在各类专业学术期刊的论文、由政府牵头起草的正式报告,也包括由各类官方组织(如世界银行、世界贸易组织)和类似出版机构完成的各类统计报告等。

　　需要注意的是,各类出版物上刊发的文献虽然是已经过同行评议的,但这并不代表它不存在任何错误。所谓的"同行评议",仅仅表明这篇文献在内容、方法的创新性和有效性方面通过了审查,并得到了同行的认可。当然,如果某类出版物并未经过有评价资格(即同行)的审查,则它便不能纳入学位论文中。比较典型的例子如报纸、新闻杂志的文章,便不是恰当的引证来源。这并不是说这种文献资料就不能用于 MBA/EMBA 学位论文其他部分中(如引言、问题描述),而是说不应将它们包含在文献评述中。所谓文献评述,便是要在系统总结前人研究的基础上,对可靠的、经过评审的知识进行梳理和概括,而未经评审的材料,不论是科学性还是可靠性,均缺乏系统的核查。

　　文献检索的流程如图 4-2 所示。

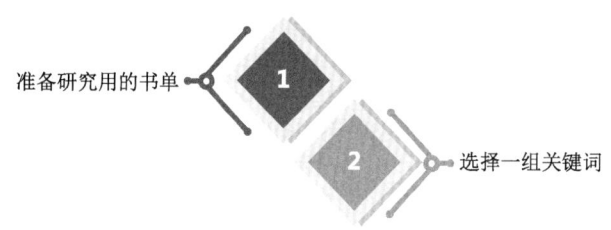

图 4-2　文献检索流程

1. 准备研究用的书单

　　在选定宽泛的研究领域之后,便应开始研究决定如何把题目缩小和"定型",这便需要选定参考书单。做参考书单时,需要了解图书馆的馆藏图书、电子读物以及工具书的情况。

　　在研究的早期阶段,应记录所遇到的每个可能与你的研究有关的资料来源,即便不能确定你是否一定要用它。如果在早期阶段便忽略了潜在来源的话,可能会在后面的研究中缺少重要信息。选题的性质和范围,决定了参考书单中资料来源的多少。

　　同时,图书馆是各类文献的重要来源。在开始进行文献收集之前,应熟悉图书馆各类信息,包括图书馆的地址、规章制度和楼层指引。各类文献资料的来源则包括综合索引和专题索引、参考书目、图书馆的检索系统和电子检索系统等。当然,各类词典、全书、统计年鉴、地理地图册以及互联网上的各类资料,也是资料的来源,具体如图4-3所示。

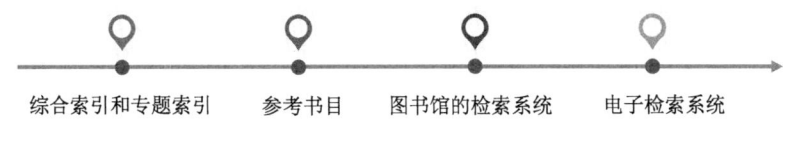

图4-3 资料来源

(1) 综合索引和专题索引。各类索引均有助于形成书单。索引可以十分方便地查找报纸、期刊上的文章。索引一般分为综合索引和专题索引。前者包含宽泛学科的文章、社论、书评等,后者则集中于某一个领域,例如《近代汉语研究索引》便包含近代汉语研究的丰硕成果。作为 MBA/EMBA 学生在某个特定领域开展研究活动时,应注重对各类索引进行积累。

(2) 参考书目。它指的是系统性的综合书目。它不仅仅指在研究中引用或参阅的书目,也指关于一个课题的长长的书目。

(3) 图书馆的检索系统。各类图书馆均将自己的馆藏汇编成为索引。索引一般有两种形式。在早期,卡片检索系统是图书馆中索引的主流形式。近年来,随着互联网技术的发展,电子数据库检索系统(网上检索系统)成为图书馆的标准配置。

2. 选择一组关键词

利用关键词检索文献,将大幅提升效率。但关键词的选择要把握"适度"的原则。当关键词的选择过于狭窄,便可能漏掉文献,甚至检索不到任何需要的文献。当选择过于宽泛时,则又需要花费大量时间浏览并删除与自身学位论文研究方向无关的文献。因此,对于 MBA/EMBA 学生而言,在撰写学位论文初期,应做到小心和谨慎。换言之,学生应将范围稍微扩大一些。在进行一定程度的浏览后,你将对关键词的宽严尺度逐渐有所"感觉"。这时,你可以将选取的关键词范围逐步缩小。虽然这种方法在早期不可避免地会让你找到无关文献;但是上述方法也可以有效降低重复检索的风险。

3. 养成合理的阅读习惯

文献发表有先后之分,而优先阅读最新的研究成果是有益的。通过阅读较新的文献,一方面可以使你更快地了解当下研究的最新进展;另一方面,最新的文献还常常包括对前人研究的归纳和总结。在阅读文献时,MBA/EMBA 学生应首先阅读摘要和结论这两部分。这两部分内容言简意赅,直接阐明了研究的内容、方法和得到的结论。阅读摘要和结论即可使你直接判断文献和自身的研究内容是否存在联系。

4. 学会保持书面记录

俗话说"好记性不如烂笔头",要养成做笔记的习惯,不能想当然地凭借自身的记忆力。做笔记应做到详细、系统,还可以使用思维导图等工具。通过记录每个文献研究的具体问题、采用的方法、研究的结论和未来的研究方向,可以使得在日后撰写文献综述时,集中组织核心文献的思想。

对每一项资料来源必须要注明完整的出处。一些学生常常忽略记录参考文献较次要的信息,如出版时间、页码和出版单位所在城市(国家),并因此而浪费时间。

理论到底写什么?

4.2 理论准备

理论是指人们对自然、社会现象按照已知的知识或者认知,经由一般化与演绎推理等方法,进行合乎逻辑的推论性总结。建立理论是驱动和贯穿于整个科学研究过程的一种智力活动。针对 MBA/EMBA 学生的学位论文,理论基础部分主要概述论文涉及的相关管理理论(包括理论的历史发展过程、理论内容的概述以及理论在国内外的应用案例等)和使用的工具、方法。在本节中,我们将首先阐明什么是理论和理论建构,然后描述理论的主要成分,梳理管理学理论的发展历程,并分析理论、工具与分析框架之间的差异,最后点明理论存在的重要价值及意义,为 MBA/EMBA 学生进行论文写作提供建设性的理论指导。

4.2.1 什么是理论

Merton(1968)将理论定义为"在逻辑上相互联系并能获得实证性验证的若干命题"。理论的重要功能在于通过提纲挈领的表述让人们了解纷繁复杂的现象或者事件发生的脉络及其背后的原因。一个好的理论必须能够把与所要解释的现象最相关的概念以符合逻辑的方式组织在一起,清晰地表达出这些概念之间的关系,帮助人们了解现象是怎样发生的,是在什么条件下发生的,以及为什么会发生。需要明确的是,理论可以在抽象和操作两个层面上形成;抽象的理论由抽象的概念(或构念)和命题构成,而操作的理论则由具有操作性的变量和假设构成(Bacharach,1989)。从这个角度上讲,构成理论的概念和变量的差异主要是在抽象性或可操作性上:前者较为抽象,后者则具有很强的操作性。抽象的概念在现实世界中可能没有直接的对照物,而具有操作性的变量能在现实世界中观察、测量到(如每个人的职业、收入和职务)。[①]

4.2.2 管理学理论的发展

管理的作用力伴随人类集体活动的产生而存在。人类的集体生活,包括集体活动实践、政治控制和社会管理实践等,都体现着管理的作用力。19世纪,美国著名管理学家弗雷德里克·温斯洛·泰勒(Frederick Winslow Taylor)提出了科学管理理论,开创了科学管理的先河;随后,亨利·法约尔(Henri Fayol)提出的管理职能及一般管理和马克斯·韦伯(Max Weber)提出的行政组织理论与泰勒的科学管理理论并称为"古典管理学理论"。20世纪,切斯特·巴纳德(Chester Irving Barnard)、乔治·埃尔顿·梅奥(George Elton Mayo)等学者提出的管理理论使近代管理理论得到了发展,当代管理学更加精细化,各种流派的提出使得管理学理论上升到了新的台阶。

泰勒的科学管理理论的初衷是为事物找到一种最好的方法,它的中心问题是提高劳动生产率,为此要挑选和培训一流的工人,使用标准化的工具和操作方法,以工资报酬作为激励,把计划职能和执行职能分开及实行职能工长制等,并在管理实践和研究中采用观察、记录、调查、试验等近代科学分析方法,为科学管理奠定了坚实的基础。法约尔长期从事高层管理工作,在其著作《工业管理与一般管理》中提出了关于管理职能和管理过程的学派理论,主要包含6种经营活动、5大管理职能和14条管理原则等。马克斯·韦伯,提出了官僚制、科层

---

① 陈晓萍,沈伟.组织与管理研究的实证方法[M].3版.北京:北京大学出版社,2018.

制的理论,成为现代大型组织广泛采用的一种组织管理方式,其官僚制理论提出最匹配于企业组织发展的组织类型,也最贴合管理精神,被后人誉为"组织理论之父"。在古典管理学阶段,管理作为一门正式的科学得以提出,一系列初步的管理基础原理,为近代管理学的发展提供了坚实的基础。

在古典管理学理论提出数十年后,人们从中取得了深厚的管理经验,20世纪三四十年代,管理学在前人的基础上得以发展,取得了丰硕的成果,进入了管理科学理论的新时期。

巴纳德在其1938年出版的《经理人员的职能》中提出了组织的管理理论,从个体假设、协作行为、组织理论和管理理论等依次分层,以组织为构架基础剖析管理的职能和过程。梅奥通过霍桑实验,提出了早期人际关系学说,为管理学开辟了新的分支。霍桑实验通过照明试验,得出无论是提高或降低照明亮度,都会使劳动生产率上升的结论。梅奥发现,工人是社会人,他们的友情、安全、归属感等情感需要影响了劳动生产率;另外,组织和非正式组织在企业中是并存的,在进行组织管理时,既要科学管理,还要人性化管理。

20世纪后期至今,现代管理理论在古典管理理论和人际关系理论的基础上发展起来,主要有以下理论学派:管理过程流派、管理科学学派、决策理论学派以及经验主义学派等。

管理过程流派主要研究管理人员做些什么及如何做好,将管理职能概括为计划、组织、领导和控制四大功能。代表人物有孔茨和罗宾斯。管理科学学派是近代在西方管理学界形成的。该学派认为,管理就是制定和运用数学模式与程序的系统,用数学模式与程序来表示计划、组织、控制、决策等合乎逻辑的程序,求出最优的解答,以达到企业的目标。因此,所谓的管理科学就是制定用于管理决策的数学模式与统计模式,并把这种模式通过计算机应用于管理之中。决策理论学派是从巴纳德创始的社会系统学派中独立出来的。该学派的代表人物西蒙发现,决策工作贯穿于管理的全部过程,决定管理活动的成败。他系统阐述了决策原理,并强调了决策者在组织中发挥的关键作用。经验主义学派以向大企业的经理提供企业的成功经验和科学方法为目标,认为传统的管理理论和行为科学不能完全适应企业发展的需要,管理的科学应该从企业管理的实际出发,以管理实践为主要研究对象,以便在一定情况下把管理实践加以概括和理论化。①

4.2.3 理论、工具与分析框架的区别

作为管理学中的三种不同"产物",理论、工具与分析框架之间有着错综复杂的关系。表4-2对三者进行区分并总结如下。

表4-2 管理学中的理论、工具和分析框架

内容	理论	工具	分析框架
定义	可以解释一定结果的,多个概念之间的因果关系的集合	常规化的解决问题方案的系统	互相关联的概念/变量的集合,但是这些概念/变量之间的关系并不是被限定的
主要作用	用抽象的方式描述现实	使管理(协调、控制、计划和组织)常规化	构思
考虑的要素	前因与后果	问题与解决办法	用来构思决策的变量
要素之间关系的性质	限定性	规范性	非限定性,非规范性
主要的创造者	学者	实践者或咨询顾问	学者/顾问

"工具"因为其注重行为的常规化并且具有很强的明确性,所以有别于"分析框架";而"分析框架"通常只是侧重于认知层面的活动。"理论"的目的首先是描述,当然某些理论也具备建议性质;"工具"根据每个具体因素分析建议出相应的行动。因此,工具和理论是截然不同的。但是二者也有一个共同点:都涉及不同因素之间的关系。相反,"分析框架"中的关系既不是规范性的也不是限定性的。在一个框架中,各个因素只是被辨识出来,但是它们之间的关系并非是系统性的,可以留给行为主体一定的管理空间。

4.2.4 理论的意义:提升认知效率

为什么要学习理论,乃至创造理论呢?理论最大的意义,是帮助我们简化认知过程,节约认知成本,提升认知效率。所谓"事不同而理同",不同的事件背后反映了同一种理论,倘若每一种事件或现象只能彰显一种理论,认知的广度将

---

① 尤建新.管理学概论[M].4版.上海:同济大学出版社,2015.

无穷大。吉登斯在他《社会学》第四章"社会学中的理论思维"中,提出了社会学的4个根本问题,分别是结构与能动、共识与冲突、性别以及现代社会的塑造。这些元问题是地图、是星辰、是灯塔、是航标,其他的问题只是构成元问题展开的细节与界面。① 所以,你如果对元问题有所理解,即把握和吸纳了一些学科的基本认知框架的话,它会大大帮助你提升认知效率。

组织管理领域中的理论,既不可能是自然科学中的那种具有普遍解释力或非常抽象的宏大理论,也不能称为就事论事的过于琐碎的细微理论。管理研究者需要建立具有中等抽象、能够解释一定范畴内的现象的中层理论。在撰写MBA/EMBA学位论文时,作者需要通过恰当的写作来展现自己对理论的理解与运用。作者要在文章一开始提出一个有意思的问题,突出自己独特的视角,在明确自己观点的情况下引用前人的研究来支持自己的观点,借助已有的研究成果支持自己的逻辑推理,借用图表清楚地表达自己的理论框架。明确什么是理论、管理学理论的发展历程以及理论与工具的区别等都能够帮助学生更好地将理论运用到论文的写作中。但是,最重要的是学生要善于观察和分析管理现象,并不断地修炼自己对现象的洞察力。

以下介绍一些基本的管理理论,可以用来作为论文写作的理论基础或依据。

1. 马斯洛需求层次论

马斯洛需求层次论(Maslow's Hierarchy of Needs)亦称"基本需求层次理论",是行为科学理论之一。它由美国心理学家亚伯拉罕·马斯洛(Abraham Maslow)于1943年在《人类激励理论》论文中提出。该理论将需求分为5类,像阶梯一样从低到高,按层次逐级递升。这5类需求分别为生理上的需求、安全上的需求、情感和归属的需求、尊重的需求以及自我实现的需求。另外还有两类需要——求知需要和审美需要未被列入他的需求层次排列中。马斯洛认为,这二者应居于尊重需求与自我实现需求之间。

2. 双因素激励理论

美国心理学家赫兹伯格(F. Herzberg)于20世纪50年代后期提出激励因素-

---

① 熊浩.论文写作指南[M].上海:复旦大学出版社,2019.

保健因素理论,简称双因素理论。他和同事在多达13次的调查基础上得出结论:导致对工作满意与不满意的事件是截然不同的。导致满意的因素有5个:成就、认可、工作本身的吸引力、责任和发展。导致不满意的因素主要有政策与管理、监督、工资、人际关系和工作条件等。简单来说,影响工作满意的主要因素是成长与发展,影响工作不满意的主要是环境因素。赫兹伯格将以上两类因素加以区分,分别称为激励因素与保健因素。激励因素使人由没有满意走向满意,而保健因素使人由不满意走向没有不满意。赫兹伯格在研究中还发现,任意扩大保健因素,或者将激励因素变成保健因素,都会降低人在工作中的内在满足感,引起内在动机的萎缩,导致工作积极性的降低。①

保健因素不能提高人的积极性,但是能够保持人的积极性,维护现状,是激励人的积极性的间接动机。工资水平、工作环境、福利、安全保护等均属于此类。而激励因素是影响工作的内在内容,它以工作本身来提高人的积极性,就像锻炼一样,能够改善身体素质,增进健康。成就、认可、责任和发展等均属于此类激励人积极性的直接动机。

要调动人的积极性,第一,要注意保健因素,使职工不致产生不满情绪;第二,利用激励因素去激发职工的工作热情,创造一流的工作成绩;第三,将保健因素转变为激励因素,比如,奖金如果是平均分配,那么,数额再多,也只是保健因素,起不了激励的作用,只有与个人绩效挂钩,才能成为激励因素。②

3. 产业组织理论

产业组织理论(Industrial Organization)主要研究市场在不完全竞争条件下的企业行为和市场构造,是微观经济学(个体经济学)的一个重要分支。产业组织理论的研究对象就是产业组织,主要解决所谓的"马歇尔冲突"难题,即产业内企业的规模经济效应与企业之间竞争活力的冲突。③

4. 竞争战略理论

竞争战略是企业战略的一部分,是在企业总体战略的制约下,指导和管理具

---

① 陈安福.学校管理心理学[M].北京:高等教育出版社,2001.
② 张力,马陆亭.中国特色现代大学制度建设理论与实践[M].上海:华东师范大学出版社,2013.
③ 丁重.产业组织理论演进及后现代特征分析[J].产业与科技论坛,2012,11(15):25-27.

体战略经营单位的计划和行动。企业竞争战略要解决的核心问题是如何平衡顾客需求、竞争者产品及本企业产品这三者之间的关系,来奠定本企业产品在市场上的特定地位并维持这一地位。

5. 核心能力理论

战略管理理论的发展经历了三个阶段:经典战略理论阶段、产业结构分析阶段和核心能力理论阶段。核心能力理论代表了战略管理理论在20世纪90年代的进展,它由美国学者普拉哈拉德(C. K. Prahalad)和英国学者哈默(G. Hamel)于1990年首次提出。他们在《哈佛商业评论》上发表的"公司的核心能力"(The core competence of the corporation)一文已成为最经典的文章之一。①

尽管对于核心能力概念的界定尚存争议,但学者普遍认为核心能力是企业获取竞争优势的源泉,是在企业资源积累过程中建立起来的特有能力,是企业最重要的战略资产。归结起来,核心能力具有以下特性:价值性、独特性、难以模仿性、延伸性、动态性和综合性。

6. 委托代理理论

委托代理理论(Principal-agent Theory)是20世纪30年代由美国经济学家伯利(A. A. Berle)和米恩斯(G. C. Means)因为洞悉企业所有者兼具经营者存在着极大弊端而提出的,它倡导所有权和经营权分离,企业所有者保留剩余索取权,而将经营权利让渡。委托代理理论早已成为现代公司治理的逻辑起点。② 委托人与代理人通常要签订契约,并将双方的责任和权利体现在契约中。在实践中,由于契约缔约双方信息不对称,契约通常是不完备的。

由于委托代理关系在社会中普遍存在,因此委托代理理论被用于解决各种问题。如国有企业中,国家与国企经理、国企经理与雇员、国企所有者与注册会计师、公司股东与经理、选民与官员、医生与病人、债权人与债务人都是委托代理关系。③

7. 蓝海战略理论

蓝海战略(Blue Ocean Strategy)是由欧洲工商管理学院的 W.钱·金(W.

---

① 张玉芳.护理管理学[M].北京:中医古籍出版社,2009.
② 吕贤谷.当代中国财政工作研究(上)[M].北京:经济日报出版社,2011.
③ 曹晓峰,王春生.交通企业内部控制机制与体系构建[M].北京:科学出版社,2017.

Chan Kim)和莫博涅(Mauborgne)提出的。蓝海战略认为,聚焦于红海(在已知市场空间中,竞争规则已经制定,竞争激烈,你死我活)等于接受了商战的限制性因素,即在有限的土地上求胜,却否认了商业世界开创新市场的可能。运用蓝海战略,视线将超越竞争对手,而移向买方需求,跨越现有竞争边界,将不同市场的买方价值元素筛选并重新排序,从给定结构下的定位选择向改变市场结构本身转变。蓝海战略中,价值创新(Value Innovation)是基石,价值创新挑战了基于竞争的传统教条即价值和成本的取舍关系,让企业将创新与效用、价格与成本整合一体,不是比照现有产业最佳实践去赶超对手,而是改变产业景框(Industry Scene Frame)重新设定游戏规则;不是瞄准现有市场"高端"或"低端"顾客,而是面向潜在需求的买方大众;不是一味细分市场,满足顾客偏好,而是合并细分市场,整合需求。

8. 战略协同理论

战略协同(Strategic Synergy)是公司战略中一个重要的概念。战略协同就是具有两个以上业务单位的公司在确定长期目标、发展方向和资源配置的战略管理过程中,公司拥有的技能、资源在企业内部通过沟通和交流的方式形成核心竞争力,核心竞争力在各个业务单位之间转移和共享,从而获得公司整体业绩的提升。"1+1>2"就是对战略协同概念最通俗的解释。战略协同包含两个相互联系的内涵:一是协同效应,即因为协同作用而获得的好结果;二是通过资源和能力的整合,识别和实现协同效应获得竞争优势的动态过程。它使企业战略形态转换、战略体系在转换进程中保持相互协调能力和处于相对和谐的状态。因此,企业战略协同具有两层含义:一是企业现行战略形态与新战略形态在战略体系进程上的协同性,以保持企业战略安排在时间顺序上的动态协同;二是在一定时期内保持相对稳定性的战略体系的横向静态协同性。简而言之,战略协同具有"静态横向协同、动态的进程协同"特性。企业战略协同效应的追求使企业的有限资源在战略作用下发挥最大的效用,为合理配置企业资源提供战略方向。战略协同的特点就是资源运用最大化,资源配置合理化,且成本很小。① 只要换个角度思考问题,就能换种方式解决问题。

---

① 杨丽. 物流企业多元化发展研究:从战略协同视角[M]. 北京:中国财富出版社,2015.

4.3 文献综述写作

文献综述如何撰写?

对于 MBA/EMBA 学生而言,论文的成果即对目前存在的知识进行"突破"。在撰写学位论文之前,必须掌握当下研究的现状,以免做"无用功"。需要注意的是,不论确立的研究主题是什么,必然已经存在与此主题相关的研究。讲求效率的 MBA/EMBA 学生,十分善于从相关的文献中汲取知识(或方法)。科学研究取得的突破,往往都是"站在巨人的肩膀上"。因而,文献综述的目的一方面需要通过系统性地回顾既有研究,尽可能地学习前人的研究理念;另一方面,通过文献综述,阐明自身研究和既有研究的区别。然而,要使文献综述的写作事半功倍,就必须制订相应的写作计划。

文献综述是针对某一学科某一方面的专题,收集大量资料后经综合分析而写成。它可以是学位论文的一章,也可以是一类学术论文。文献综述是反映当前某一领域中某分支学科或重要专题的最新进展、学术见解和建议。它往往能反映出有关问题的新动态、新趋势、新水平、新原理和新技术等。

4.3.1 文献综述的写作目的

(1) 通过收集、检索各类文献,可以熟悉和了解如何查找、积累文献,文献检索同样是一门科学,科学查阅文献也是扩大知识面的过程。

(2) 作为 MBA/EMBA 学生,掌握查找文献资料的方法、撰写文献综述,既是论文选题的必需过程,还是进行科学研究的第一步,学习文献综述的写作,也将为今后的各类科学研究工作奠定坚实的基础。

(3) 通过开展文献综述的写作,能够提升归纳综合大量信息的能力,有助于 MBA/EMBA 学生日后独立开展各类科学研究工作。

4.3.2 文献综述的特点

所谓"文献综述",与日常撰写的读书笔记、研究过程报告存在一定相似的地方。它们都是从特定研究领域的文献、报告中梳理综合而来的。但是,文献综述既不像"读书笔记",仅仅把文献客观罗列,谈自己的收获;也不像"研究过程报告"那样只讲自己研究的具体内容和过程。文献综述的特点便是"综"和"述"两部分。前者是说,文献资料需要对收集到的各类资料进行梳理和综合,使得读者通过阅读文献综述,掌握与主题相关研究的发展脉络。而后者则要求对通过系统整理后得到的各类文献进行较为深入系统的论述。

总之,文献综述是作者对某一方面问题的历史背景,前人工作,争论焦点、热点、难点,研究现状及发展前景等内容进行评论,既是学位论文的组成部分,也可以是一类科学文献。

4.3.3 文献综述的写作要求

1. 文献综述的格式

对于 MBA/EMBA 学生来说,文献综述位于学位论文第 1 章,也可单独成为一章。它的主要内容是介绍与自身研究相关问题的起源、发展、展望,以及对以上方面的评述。因此,文献综述的格式常常不拘一格。总体来说,文献综述往往包含引言、正文、总结和参考文献等 4 个部分。为确保文献综述内容充实、完整,在正式动笔之前可以按上述 4 个部分撰写写作提纲,而后按提纲进行写作。

引言,它位于文献综述的开篇。往往需要利用一段文字,简单说明文献综述的范围、概念的定义、目前对研究问题争论的焦点等,也可以罗列一部分与自身学位论文密切相关的系统性综述文章,供读者阅读参考。

正文,是文献综述的主体部分。它在写法上没有格式上的要求,只要能够表达清楚文献之间的关系,阐明既有文献的发展现状、方法上的优势劣势即可。作者可根据自己的表达习惯,开创各类形式。文献综述的正文要通过归纳既有的文献,比较不同的学者对类似研究问题的看法,逐步阐释自身研究问题发展的来龙去脉,并提出观点和见解。当然,作者也可从问题发生的历史背景、目前现状、发展方向等提出文献的不同观点。由于 MBA/EMBA 学位论文可能涉及若干个研究问题,因此文献综述的正文根据不同的研究方向,进一步划为若干小节。

总结,是对综述正文部分进行扼要的总结,作者应对各种观点进行综合评价,提出自己的看法,指出存在的问题及今后发展的方向和展望,内容简单的综述也可不写小结。

参考文献,是综述的重要组成部分。一般参考文献的多少可体现作者阅读文献的广度和深度。不同学校对综述类论文参考文献的数量有不同的要求,以最近3~5年内的最新文献为主,兼顾中外文文献。

2. 文献综述的有关规定

(1) MBA/EMBA学生应在论文选题报告中涵盖文献综述,目的是确保报告具备充分的理论依据。

(2) 在撰写文献综述时,MBA/EMBA学生应兼顾国内外与自身研究相关的文献,一般而言,文献综述中涵盖的文献不少于40篇,因此应至少阅读60篇以上的文献,选取合适的开展综述。文献以国内外期刊论文为主,以学位论文为辅。从时间上看,应着重选择近3~5年的文献。

(3) MBA/EMBA学生撰写的文献综述要做到条理清晰、引用恰当、格式规范、文字通顺。通过文献综述,MBA/EMBA学生应详细阐释自身研究问题的发展脉络、前人的研究成果、当下存在的不足以及未来的趋势。

(4) 文献综述必须涵盖自己对于研究问题的认识、观点和见解。特别注意不能将自己的想法和文献作者的观点混淆。

(5) 字数应符合学校的有关要求,一般不少于3 000字。

3. 资料来源的标注

1) 为什么要注明资料来源

注明资料来源的目的在于:佐证自己在文中提供的数据、提出的观点和主张;明确上述数据、观点、主张或成果的归属;对我们所讨论和综述的问题,向读者提供附加信息和细节;对其他人的思想、观点、努力和贡献表示赞扬,这是一个道德问题,在学术界非常重要。

如果我们没有引用其他文献中的观点,那就是"剽窃"。这是一种严重的学术不端行为。避免它的方法便是提供适当和准确的文献来源。MBA/EMBA学生有时会形成一种思维惯性,认为把自己的想法或结论归于他人,会贬低自身研究的重要性和独创性。但事实上,有效地收集、利用、整理和综合他人已经获知的信息同样是一种能力。有效地利用他人的文献,一直是整个文明史上许多伟大思想家和探索者的关键能力。如果我们不学习前人和同行的研究,我们几乎不可能取得重大成果。

2) 资料来源的标注方式

无论采用何种具体方法均应注意,指出资料来源的主要目的是为读者提供信息,以方便读者获取更加具体的信息。资料来源的方式可以根据读者类型、机构或出版渠道或每个人的个人偏好而有所差别,主要包含以下三种方法。

第一种方法是脚注。一个典型的做法是在正文中使用上标数字来表示脚注序号,在学位论文中使用连续的数字(或对每页进行重新编号),并在页面的底部列出具体的参考文献。

第二种方法是尾注,它从本质上说是脚注的变体。尾注的使用方式和形式与脚注相同,但它们放在所引内容的末尾,而不是引文页的底部。尾注与脚注起着同样的作用,虽然尾注要求读者必须读到文章的结尾才能找到参考资料的来源,但它起到了避免布局散乱的作用。因此,MBA/EMBA学位论文的写作规范中,常常要求使用尾注而非脚注。

第三种方法是夹注。在专业出版物和论文的资料来源注明中,使用最为广泛的形式是将资料来源标注在括号内。这种方法提供了作者的名字以及出版时间。完整的引文列在文章结尾的参考文献或文献书目中。参考文献和文献书目之间的区别在于文献书目还包括了论文中没有注明的引文。

第 5 章

研究方案的设计与实施

【本章概况】

　　介绍了 MBA/EMBA 论文的研究内容与过程、研究方法、进度计划、研究方案的可行性等四方面的内容。使学生对整个研究过程具备清晰的理解和准确的把握。在研究的前期工作中,要对研究的内容、使用的方法和研究结果有一个清晰的认识。本章主要解决三个问题:(1)需要研究的问题;(2)如何开展研究;(3)研究预期的成果。

5.1 研究过程

论文的研究内容应紧密围绕选题确定的工商管理领域的现实问题;依据工商管理的理论、知识和工具展开应用分析;分析论述应具有针对性和逻辑性;提出的解决方案应有助于解决论文所选择的研究问题。MBA/EMBA 的论文内容应避免空泛描述现状而缺乏分析研究。例如,以企业管理案例为形式的 MBA/EMBA 学位论文,应在交代案例发生背景、情景的基础上提炼核心问题,描述问题的解决方法、解决过程和取得的结果,并体现相关的理论知识。

论文的研究计划是指整个研究计划,具体包括提出问题、收集资料进行文献综述、定性访谈或定量调查、分析问题、提出解决方案和实施方案共 6 个步骤(图 5-1)。它们都是论文写作前便应开展的基础工作。待研究方案确定后,MBA/EMBA 学生还应进行可行性分析。

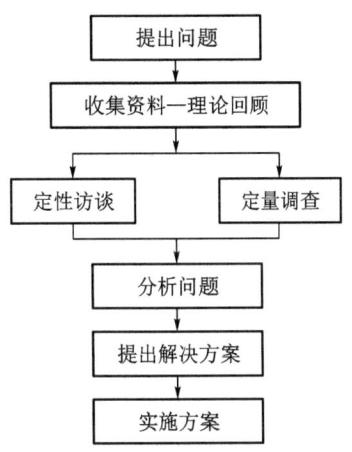

图 5-1　论文研究方案设计

(1) 提出问题。结合研究的背景、意义以及国内外目前的研究现状,提出研究问题。

(2) 收集资料,进行理论回顾。资料是指我们手中掌握的赖以提炼观点并在论文中证明观点的事实或者现象。在确定了论题以后,就要开始收集资料的工作。收集的资料包括理论资料、企业内部资料和外部资料三类。理论资料包括相关教材、科研专著、学术期刊、研究报告、会议文献、学术论文以及国内相关论题学术研究的最新动态;企业内部资料包括企业的概况、与论题相关的企业资料等;外部资料包括和企业相关的宏观环境、行业状况、竞争对手以及国内外类似企业成功或失败的案例等。

(3) 定性访谈或定量调查。定性访谈是研究者通过口头交谈,从被调查者身上收集第一手信息的一种研究方法。定性访谈一般可分为半结构化访谈、深度访谈和非结构化访谈三类。对于管理上的问题,MBA/EMBA 学生进行深入的调研、调查十分必要。访谈能够获得可靠、有效的信息,但由于访谈的样本量有限,因此获取的信息可能是片面的。访谈前,要明确对象,设计大纲,并及时做好记录。定量调查是通过结构化的问卷调查和标准化的程序收集大量的数据,并借助软件对结果进行处理和分析。在问卷调查的设计过程中,要选择合适的被调查者,明确调查的主题对象,并且要注重问卷问题的设计,做到结构合理、内容易懂。

(4) 分析问题。调查结束后,MBA/EMBA 学生可以结合定性访谈和定量调查获得的信息,对存在的主要问题进行分析,并按照问题的层次、重要程度,对问题进行分类和归纳,列出三四个主要的研究问题。

(5) 提出解决方案。在对问题进行分析以后,针对所要研究的问题,提出解决方案。好的方案设计,不只是停留于解决问题层面,更多的是要优化相关的运营流程。此外,可以借鉴国内外先进的理论、方法以及成功经验,创造性地提出解决方案。

(6) 实施方案。应用方案解决问题的过程,是论文工作中的关键阶段。论文研究的现实意义以及论文的价值所在,便在于方案是否能够真正实施。

5.2 研究方法

MBA/EMBA 学位论文强调实用性和整合性,一方面,所有 MBA/EMBA 学位论文都应具有企业或行业的应用背景,学位论文的选题应充分结合 MBA/EMBA 学生所在单位或行业的实际情况,研究内容应是学生熟悉的领域;另一方面,在研究和撰写 MBA/EMBA 学位论文的过程中,要阅读大量的文献资料,根据具体的学位论文类型选择相应的实证研究方法,提出建议、观点或新的结论。根据 MBA/EMBA 教育的培养目的,MBA/EMBA 学位论文的常用研究方法包括模型研究法、案例研究法、调查研究法以及定性研究法。

5.2.1 模型研究法

模型研究法是把所考察的实际问题的复杂过程和关系简化为若干组成要素,根据其特征,用一些图形、符号把这些要素的作用、地位和相互关系抽象出来,成为一种理想化的代表,从而构造相应的"模型"。这种模型可以是图示模型或数学模型,通过对模型的研究,使实际问题得以解决。①

构造图示模型或数学模型的基本过程,一般可分为以下几个步骤②:

(1) 考察原型。这是指考察实际问题(原型)的基本情形,包括分析原型的结构、要素及其联系,分析问题所涉及的量的关系,弄清哪些是常量,哪些是变量,哪些是已知量,哪些是未知量,了解其对象与关系结构的本质属性,确定问题所涉及的具体系统。

(2) 分析处理资料(数据)。分析所研究的系统内部的矛盾关系。从实际问题的特定关系和具体要求出发,根据有关科学结论,抓住主要矛盾,考察主要因素和量的关系,扬弃次要因素,提出必要的假设。

(3) 根据主要矛盾及所提出的必要假设,进行抽象和概括,并利用数学图论中的节点、连线,或数学概念、数学符号和数学表达式去刻画事物对象及关系,即运用图示工具或数学工具建立各种量之间的关系。

(4) 根据所采用的数学工具,用数学方法对图形结构关系或数学表达式进行推理或求解,找出结果。

(5) 把所得到的结论返回到实际问题中去。即将结论对现实中的问题给以解释,由此再判断其模型是否准确。倘若根据实践检验尚存在一些问题,即与实际不符,还应进行修正。

5.2.2 案例研究法

案例研究法是根据所了解的企业经营情况,围绕企业管理问题,对某一真实的管理情境作客观描述,并进行案例分析。案例研究中的案例应具有典型示范性。在研究上,注意不能就事论事,要进行分析和总结,得出能够启发别人的结论。

案例研究的基本要求③如下:

(1) 明确研究对象。案例研究以企业或行业的事件为依据和研究对象,了解案例的价值,内容具有代表性和现实性。

---

①② 张一春. 教育技术研究方法[M]. 南京:南京师范大学出版社,2008.
③ 余来文,封智勇. MBA论文写作与研究方法[M]. 大连:大连理工大学出版社,2009.

（2）资料真实可靠。案例研究类的论文应具备 MBA/EMBA 学生自己收集的第一手资料、访谈内容和统计资料，反映较为全面的信息。

（3）理论结合实践，从问题分析出发，提出解决措施。

以论文《基于用户体验的互联网汽车产品定义研究》为例，运用案例研究法，针对传统汽车行业的产品定义流程和方法，以及互联网给汽车行业带来的变化和挑战进行分析研究，吸取优秀互联网企业和电子产品企业中产品定义的各种经验和长处，给予企业产品定义方法一定的启示和借鉴。

案例研究设计包括 5 个要素，分别为研究的问题、研究的命题、分析单元、资料与命题间的联系以及解释研究发现的准则，具体如表 5-2 所列。

表 5-2　案例研究设计的 5 个要素

序号	5 个要素	内　　容
1	研究的问题	案例研究对于"如何"和"为什么"的问题可能是最合适的，因此案例研究的设计，首先要准确地确认所研究问题的本质
2	研究的命题	研究中的每个命题，都会将你的注意力引导至研究范围内所应该要审视的事情上
3	分析单元	定义何谓"案例/个案"——可能是个人，也可能是一些事件或是个体
4	资料与命题间的联系	Donald Campbell(1975)提出模式对比（Pattern Matching）：来自同一个案例中的一些信息可能会和某些理论的命题有关
5	解释研究发现的准则	目前并没有明确的方法来设定解释这类发现的准则，可以通过比较至少两个对立命题的方式来解释发现

5.2.3　调查研究法

调查研究法是运用科学的调查研究方法和统计方法，对企业或行业值得总结的经验或教训进行调查研究、分析，提出有意义的见解。

调查研究的基本要求[①]如下：

---

① 余来文，封智勇. MBA 论文写作与研究方法[M]. 大连：大连理工大学出版社，2009.

（1）确定调研对象和目的。调研对象以企业或行业为主，调研目的具有现实意义。

（2）选择调查和论证方法。拟定调研大纲，选择确定科学、合理的调查方法和调查工具，调查数据应具有可靠性和可信度。

（3）得出科学结论，并对调查结果进行处理和检验。收集调研资料，对样本进行清楚描述、调研目的说明和数据分析，运用图表、归纳、推理等分析方法得出科学结论。

MBA/EMBA学位论文中常用的调查方法为问卷调查法，以《H物业公司A项目客户满意度提升策略》为例，首先通过确定研究对象，H物业A项目目前在管的一期和二期业主为1 500户，加上与业主相关的客户，总体客户数量超过5 000人。所以，在调查时选择了抽样调查法。这种方法既需要保证样本具有一定的代表性，同时还应保证获得的样本有较为完整的信息。通过问卷调查，即可了解客户对物业服务工作的总体满意度，并邀请他们对各个板块的服务情况进行评价。最后，对问卷调查的结果进行分析。

调查问卷的样例如下。

尊敬的H物业A项目客户：

您好！受H物业的委托，向您做一个客户满意度的调研，需要占用您5分钟时间，您目前方便吗？（如客户表示可以，则进行以下调研）

第一部分：满意度指标调查（计入总分）

以下指标是H物业开展的服务，希望您能根据自己的体验给出相应的选择：

1. 您对公共区域的报事报修的满意度是
   □非常满意　□满意　□一般　□不满意　□非常不满意

2. 您对设施设备维保的满意度是
   □非常满意　□满意　□一般　□不满意　□非常不满意

3. 您对公共设施设备的满意度是
   □非常满意　□满意　□一般　□不满意　□非常不满意

4. 您对户内报事报修的满意度是
   □非常满意　□满意　□一般　□不满意　□非常不满意

5. 您对公共秩序维护的评价是
   □非常满意　　□满意　　□一般　　□不满意　　□非常不满意

6. 您对小区外来人员管控的评价是
   □非常满意　　□满意　　□一般　　□不满意　　□非常不满意

7. 您对小区车辆管理的评价是
   □非常满意　　□满意　　□一般　　□不满意　　□非常不满意

8. 您对小区公共安全突发事件应急处理的评价是
   □非常满意　　□满意　　□一般　　□不满意　　□非常不满意

9. 您对小区绿化景观维护的感受是
   □非常满意　　□满意　　□一般　　□不满意　　□非常不满意

10. 您对公共园区卫生状况的感受是
    □非常满意　　□满意　　□一般　　□不满意　　□非常不满意

11. 您对楼道区域卫生状况的感受是
    □非常满意　　□满意　　□一般　　□不满意　　□非常不满意

12. 您对客服人员服务礼仪的满意度是
    □非常满意　　□满意　　□一般　　□不满意　　□非常不满意

13. 您对物业投诉建议处理的满意度是
    □非常满意　　□满意　　□一般　　□不满意　　□非常不满意

14. 您对客服管家服务规范性的满意度是
    □非常满意　　□满意　　□一般　　□不满意　　□非常不满意

15. 您对物业组织的社区文化活动的满意度是
    □非常满意　　□满意　　□一般　　□不满意　　□非常不满意

16. 您对物业服务热线、与业主沟通互动的评价是
    □非常满意　　□满意　　□一般　　□不满意　　□非常不满意

17. 您对物业工作人员行为规范、热情服务的评价是
    □非常满意　　□满意　　□一般　　□不满意　　□非常不满意

18. 您对物业工作人员统一着装、佩戴工牌的评价是
    □非常满意　　□满意　　□一般　　□不满意　　□非常不满意

19. 您对物业收费项目透明化的评价是

　　□非常满意　　□满意　　□一般　　□不满意　　□非常不满意

20. 您对物业服务信息公示的评价是

　　□非常满意　　□满意　　□一般　　□不满意　　□非常不满意

第二部分：满意度指标调查（不计入总分）

如果您体验过 H 物业的特约服务，希望您能对以下开展的服务作出判断：

1. 您对特约服务中的工程维修服务的评价是

　　□非常满意　　□满意　　□一般　　□不满意　　□非常不满意

2. 您对特约服务中的户内保洁服务的评价是

　　□非常满意　　□满意　　□一般　　□不满意　　□非常不满意

3. 您对特约服务中的会所服务的评价是

　　□非常满意　　□满意　　□一般　　□不满意　　□非常不满意

4. 您对特约服务中的房屋经纪服务的评价是

　　□非常满意　　□满意　　□一般　　□不满意　　□非常不满意

第三部分：开放性调查

1. 您对开发建设阶段有何建议和意见？
2. 您对整改装修阶段有何建议和意见？
3. 您对小区目前的物业工作还有哪些建议和意见？

5.2.4　质性研究法

质性研究法是以研究者本人作为研究工具，在自然情境下，采用多种资料收集方法（访谈、观察、实物分析），对研究现象进行深入的整体性探究，从原始资料中形成结论和理论，通过与研究对象互动，对其行为和意义建构获得解释性理解的一种活动。[①]

质性研究法的基本要求如下：

(1) 可在短时间内收集资料，有利于现存问题的分析。

---

① 齐梅. 教育研究方法[M]. 北京：高等教育出版社，2015.

(2) 严格控制研究情境。

(3) 以旁观者的角色了解研究对象。

MBA/EMBA学位论文中常用的质性研究方法为定性访谈。这种方法需要明确访谈对象、设计访谈提纲、进行访谈并及时做好记录。

以《A集团企业员工激励机制诊断报告》为例,对某集团激励机制进行研究时,学生可以通过访谈的方法了解该集团的激励机制[①]。首先,应明确访谈对象,可以抽取该集团不同阶层的员工(从集团的最高领导层到基础员工)进行访谈。可以对访谈对象设定工作时长要求,如要求每个访谈对象都在该岗位具有5年以上的工龄。其次,制订访谈提纲并进行访谈。再次,对访谈资料进行记录、整理和分析。最后,对访谈结果进行汇总。访谈提纲示例见表5-3。

表5-3 访谈提纲示例

姓 名		年 龄	
岗位职务		性 别	
学 历		联系电话	
访 谈 者		访谈时间	
访谈说明: 　　这次访谈,是想了解您在员工激励机制方面的一些感想和经验,分析贵企业在员工激励机制方面的优势和不足。这对于完善贵企业员工激励机制、提升管理水平、促进员工发展,形成科学、系统、规范的指导意见,具有十分重要的意义。 　　本研究将会占用您宝贵的时间,非常感谢您的全力支持和帮助。为了便于整理,我们将对您的谈话进行录音,并保证谈话内容的保密性。谈话内容仅供研究之用,请您予以理解。 　　(1) 请您谈一谈在您的工作生涯中,企业的哪些措施行为有效地激励了员工的积极性? 为什么? 　　(2) 请您谈一谈企业目前存在的哪些问题会抑制员工的积极性? 为什么? 　　(3) 对于完善集团的员工激励机制,您有什么看法和建议?			

---

① 梁振杜.A集团企业员工激励机制诊断报告[D].西安:西北大学,2015.

5.3 进度计划

在设计研究方案时,需要做出明确的进度安排。"进度安排"主要是指时间方面的安排,建议做一个进度表(表5-4),并严格按进度计划执行。例如,2020年7—10月:确定选题、文献资料的收集和整理。在这个阶段,MBA/EMBA学生应该和导师就论文大纲的细节进行讨论。2020年9月—2021年11月:撰写开题报告、修改和定稿。在此阶段应按照学校有关规定、规范撰写报告。2020年10月—2021年2月:开展具体研究。本阶段应开展各类调研调查,对企业的问题进行抽象并形成解决方案,同时开展论文初稿的写作。2021年3—4月:论文完善,要对学位论文开展系统的分析、修改、完善。导师修改和完善后,提交盲评。2021年6月:论文答辩。在本阶段中,学生应根据答辩意见修改并提交最终论文,申请学位。

表 5-4 论文研究进度

序号	起讫日期	拟完成内容
1	2020.07—2020.10	确定选题、文献资料的收集和整理
2	2020.09—2020.11	撰写开题报告、修改和定稿
3	2020.10—2021.02	访谈/问卷调查、拟定解决方案,论文初稿写作
4	2021.03—2021.04	论文修改、完善和定稿
5	2021.06	论文答辩

5.4 研究方案的可行性

研究计划是否合理、能否得以顺利实施,需要师生及时沟通讨论,充分论证其可行性。研究方案的可行性主要包括以下几个方面。

(1) 论文工作量和时间进度的可行性。

MBA/EMBA学生大部分都是在职学习,需要兼顾工作、家庭和学习,利用业余时间来完成论文,在时间方面相对比较紧迫。所以学生能否在一年内完成论文,需要对工作量和时间进度的可行性进行详尽的分析。

(2) 论文研究过程的可行性。

在论文的写作过程中,从选题、调研、分析问题到最后提出解决方案并实施,有很多需要花费时间较多的地方。例如,调研这一部分调查包括问卷的设计、调查、数据收集和分析;与同行业的比较还应具体涉及多个指标;此外,还有很多不确定因素,比如数据是否能够收集到,调查结果是否与主要论点相冲突……它们都可能影响研究方案的可行性,需要在可行性部分进行充分论证。

(3) 论文是否达到预期研究结果。

这一条是指论文的研究成果在预期中能带来的现实意义和经济效益等。在论文中合理设定预期研究结果,可以使研究者明确研究目的,从而在研究开始时便着手收集所需的资料、构思框架并进行调查研究,有利于研究成果的顺利产出。

第 6 章

论文的结构设计与正文写作

【本章概况】

介绍了 MBA/EMBA 论文结构的一般要求与论文的正文写作两部分的内容。第一部分主要目的是帮助 MBA/EMBA 学生在写作之前,理清文章的总体思路,确定清晰的线索,突出主题,理清不同章节之间的逻辑关系。第二部分从绪论的写作、理论概述的写作、现状及存在问题分析的写作、解决方案设计的写作、实施方案的写作以及结论的写作等 6 个方面展开,分别介绍了论文正文每个部分的写作要求、结构、内容以及相关注意事项,并结合示例帮助学生更好地理解和写作。

第 6 章 论文的结构设计与正文写作

6.1 论文结构的一般要求

6.1.1 论文的基本结构

在收集材料和开展研究之后、动笔写作之前,一般都要经过编写论文大纲的过程,也就是确定论文的基本框架结构(图 6-1),这是论文写作的一个重要环节。

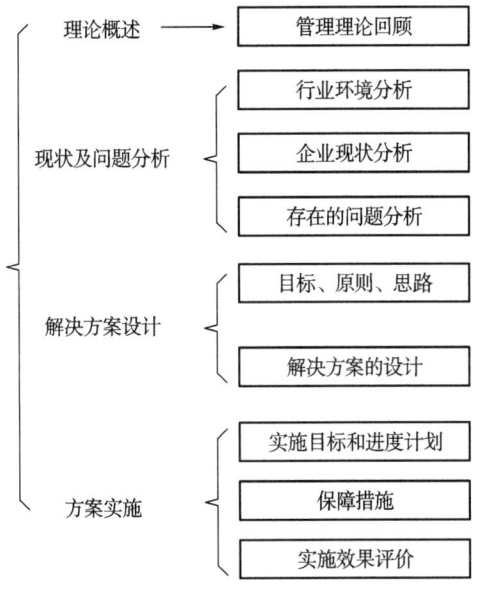

图 6-1 某 MBA/EMBA 学位论文的基本框架

编写大纲的好处有很多。一是有助于 MBA/EMBA 学生理顺整体思路,使他们轻松掌握论文的整体结构。二是有利于论文各章节之间的呼应。大纲有助于学生树立大局观,从整体视角审视论文各部分的地位和作用,各部分之间是否存在逻辑联系,各部分的篇幅是否与其在整体中的地位和作用相称,以及各部分的比例是否适当、协调,是否为整体所需。三是有利于及时调整,避免大的返工。毕业论文的大纲就像一个项目的蓝图。只要在写毕业论文前仔细考虑、设计提纲,就可以形成一个清晰合理的毕业论文框架,避免许多不必要的返工。四是对于即将开始完成论文的学生来说,如果先把自己的想法写为大纲,然后咨询导师或其他人,将十分有利于他人提出具体意见。

在编写论文大纲时有以下这些要求:

(1) 要列出三级大纲:章、节、目。

(2) 章节安排:一般 6~7 章,每章 3~4 节,每节包含 3~4 个目,保持章节划分的合理性。

(3) 在大纲中反映中心思想,将相关观点贯穿起来。

(4) 章节标题保持个性化、特色鲜明,要使用书面语和专业性的语言。

论文大纲写作中存在以下问题:

(1) 题名不当。如果标题太大或太小,则文本与标题不匹配。

(2) 内容冗长。在阐述或总结某个理论时,过于冗赘、不够简洁。

(3) 衔接不当。各章节之间没有有机联系,也没有中间过程。

(4) 头重脚轻,章节分布不均。

(5) 理论依据不充分,争议较大,与时代脱节。

6.1.2 论文的篇幅控制

写完学位论文提纲后,要根据论文的内容来考虑篇幅,即要规划好文章的每一部分,一般要写多少字。MBA/EMBA 论文一般要求 3 万~5 万字,篇幅不宜过长或太短。如果你打算写一篇 50 页的论文,你可以考虑用 10 页作引言,38 页作正文,2 页作结论,然后分配正文。例如,正文中有 4 个主要内容,每个内容 9 页左右。这种分配方式便于相关内容的准备和安排,使写作更具计划性。

6.2 正文的写作方法

6.2.1 绪论的写作

绪论也叫序论、前言、引言或导论,是论文的开头部分。作为开篇,绪论概括了论文的整体内容、研究要点、研究方法及预期结果等,应言简意赅。它是论文必须的组成部分。论文绪论通常包括以下几节:研究背景、研究目的和意义、研究方法、研究内容与论文结构,MBA/EMBA 学位论文不硬性要求有理论创新点。

(1) 研究背景。论文中所研究的问题都是基于一定的组织、环境提出的,研究背景是具体介绍所研究问题的组织、环境特征,具体包括三个方面:①企业经营的外部环境;②某个领域管理的发展趋势;③本企业做这件事的迫切性。

(2) 研究目的。阐述论文的研究要达到什么目的。管理类论文的最终目的都是为了提高企业竞争力。从何种途径提高竞争力,便是 MBA/EMBA 学生学位论文的直接研究目的。

(3) 研究意义。主要论述研究可以得到的结论,对现实生活或生产有什么样的影响,或者该研究的结论可以为其他研究奠定怎样的基础。MBA/EMBA 学生学位论文所研究的问题一般来源于经济活动和商业活动,因此应主要阐述研究的社会价值、经济价值和商业价值。一般来说,研究意义可以从四个方面来写:①对企业的意义;②对行业的意义;③对国家或社会的意义;④对理论的贡献。

(4) 研究方法。即论述通过什么方法分析和解决论文提出的问题。研究方法分为两大类:定性分析法和定量分析法。即使是相同的学科,研究的方法也具有很多种。论文中的研究方法一般包括调查研究法、案例分析法、比较研究法、历史研究法、理论联系实际的方法等。此外需要注意的是,SWOT 分析、波士顿矩阵等是管理工具而并非研究方法。

(5) 论文结构。这一部分旨在介绍论文的模块划分,每一模块所需要论述的内容、所涵盖的章节、每一章(节)所要论述的问题等,可以适当借助图表进行说明。

MBA/EMBA 学位论文的绪论,内容上应该符合以下要求:

第一,要直截了当、开门见山。绪论一开始,读者就能直接理解文章的中心思想和基本内容是什么,不能引导读者在文章中心之外"兜圈子"。

第二,要吸引读者、提升读者的阅读兴趣。一个好的绪论,可以为读者留下一个良好的初步印象,激发阅读兴趣,这就要求绪论写作要有实质性的内容和容易吸引读者的词语。

第三,要简洁、有力。绪论的开头部分不宜过长,以免出现头重脚轻、结构不合理的情况。一个复杂冗长的开头会给读者留下不好的印象。

文章如何开头,是论文作者常常要煞费苦心的事情。写好绪论,对论文初稿的完整是关键性的一步,切不可草率从事。

6.2.2 理论概述的写作

所谓的理论概述(也称"理论基础"或"理论文献综述")是指对学位论文研究中使用的主要管理理论进行系统性阐述。这是 MBA/EMBA 学位论文的一个重要组成部分。它通常放在整篇论文前两章的某一节,甚至独立作为一章。理论文献综述的质量能够直接反映 MBA/EMBA 学生基础理论学习的扎实程度,甚至会影响读者对整篇论文的印象。这一部分的标题应该是"基本理论概述"或"相关理论与文献综述"。

理论概述的内容通常包括理论的历史发展过程、理论内容的概述、理论在国内外的应用案例介绍等。经常出现的问题则包括概念介绍过多、没有抓住理论主流、理论概述内容陈旧、介绍有争议的理论等。

以论文《基于关键链技术的 M 公司多架机维修进度管理研究》为例,给出理论概述大纲的样例。

第 2 章　相关基本理论基础
  2.1　项目进度管理的基本理论
    2.1.1　项目进度和计划的基本理论
    2.1.2　项目进度控制的基本方法
  2.2　关键链技术的理论和方法
    2.2.1　关键链技术的理论基础
    2.2.2　关键链技术中工期的确定
    2.2.3　关键链的识别方法
    2.2.4　关键链缓冲区的确定
  2.3　关键链技术在项目管理上的优势和不足
    2.3.1　关键链技术在项目管理上的优势
    2.3.2　关键链技术在项目管理上的不足
  2.4　多项目管理的基本概念和方法
    2.4.1　多项目管理的基本概念

    2.4.2 多项目管理优先级的确定
    2.4.3 多项目关键链的确定
    2.4.4 多项目管理缓冲区的设置

6.2.3 现状及存在问题分析的写作

1. 环境分析与行业分析

企业环境是指存在于企业周围,能够影响企业经营活动和发展的各种客观因素和力量。其可以简要概括为三个方面:总体外部环境、行业环境和竞争对手。对于 MBA/EMBA 学生而言,在这部分的写作中应尽可能提供更多的数据、图表,而不是枯燥的文字,这样可以增强说服力。企业的一般外部环境,指的是社会上各种组织在一定的时间和空间内共同面临的环境,通常称为"大环境"。PEST 是一种常用的外部环境分析工具。其中,P 即 Politics,指的是政治要素;E 即 Economy,指的是经济要素;S 即 Society,指的是社会要素;T 即 Technology,指的是技术要素。经过外部一般环境分析之后,要简要总结环境对企业的影响——哪些是有利的,哪些是不利的。这样可以为后续研究提供环境信息。

行业分析主要包括行业概况、行业竞争结构、行业内战略群分析等内容。分析目的是明确整个行业历史、现状以及未来的发展趋势、企业在所处行业中的位置等。其中,行业概况多用图表的形式给出,可以提供行业数据和发展趋势。下面给出一个汽车行业产销情况分析的例子,如图 6-2 所示。

一个行业的竞争状态取决于行业竞争对手、供应商、买方、替代品生产商和潜在入侵者等 5 个方面的综合作用力。因此,学位论文中对行业竞争结构的分析,可以使用波特五力分析模型。

行业内战略群分析又称战略群分析,属于次行业(Sub-industry)的范畴。所谓的"战略群",指的是一个行业中具有相同(或相似)特征的公司构成的集合。战略集团分析的目的便是识别竞争对手。

开展竞争对手分析部分的写作时,需要考虑的关键问题便是——谁是竞争对手?企业竞争对手一般可分为 5 类,即:本行业现有的竞争企业、不在本行业但能克服进入各类壁垒进入本行业的企业、进入本行业后能产生明显协同效应的企业、因战略实施而自然进入本行业的企业,以及通过整合进入本行业的买

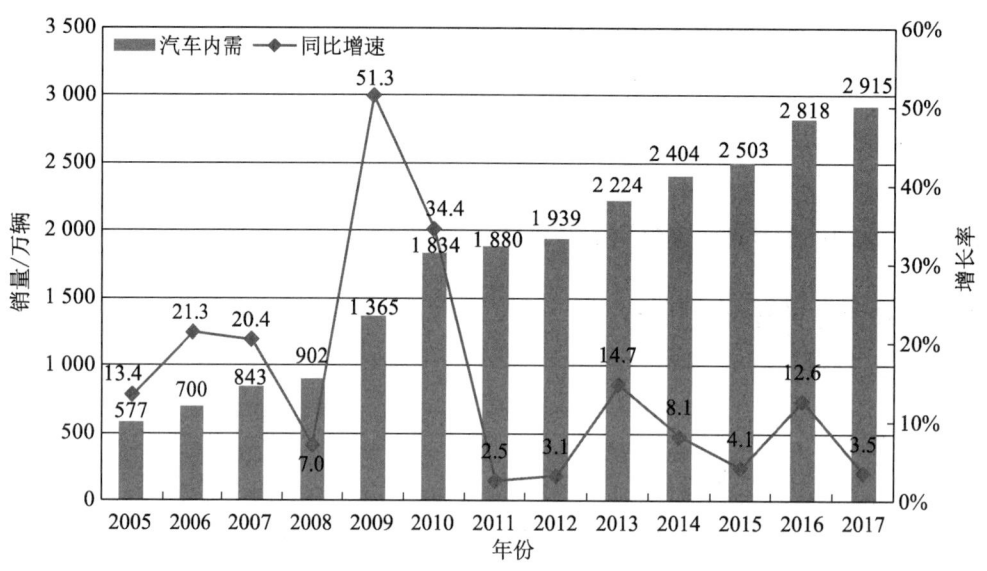

图 6-2　2005—2017 年国内汽车需求量年度走势

家或供应商。在分析竞争对手时,我们只需选择对企业构成威胁或直接对抗的竞争对手,在学位论文中详细阐释这些竞争对手的发展历史、主要经营指标、主要做法(仅考虑学位论文的研究领域)、优劣势等。同时,我们可以通过数据、图表来比较自身所在的企业与竞争对手的一些主要指标,从而判断双方的优劣,为论文的后续工作提供依据,图 6-3 给出了汽车行业的一个例子。

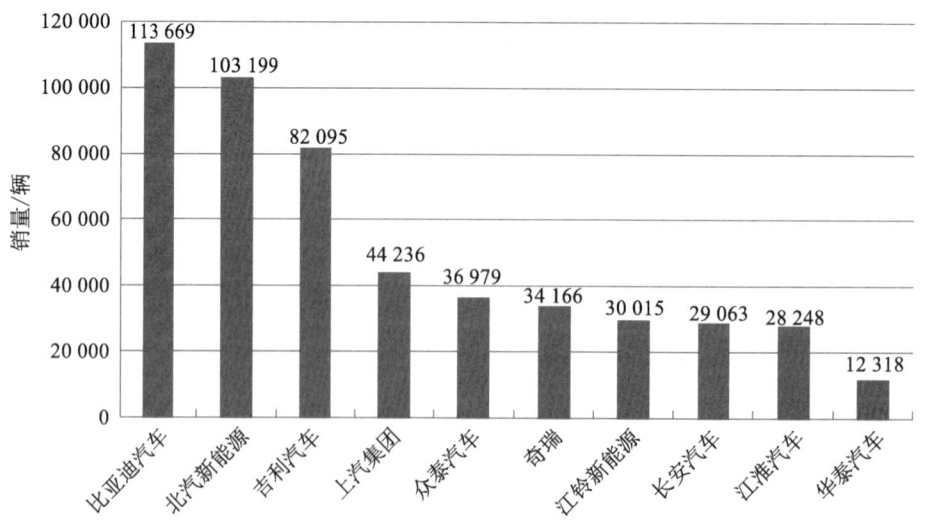

图 6-3　2017 年新能源车企销售排名

从图 6-3 中可以看出,新能源汽车 2017 年的销量能达到 10 万辆以上的车企只有比亚迪和北汽新能源两家。上汽集团排名第四,与前三位比亚迪、北汽新能源、吉利汽车之间的差距较大。因此,从新能源汽车总销量上看,上汽集团虽然处于第四名的位置,但还有很大的发展空间。

企业内部因素分析也称"自身分析"。应对企业自身和竞争对手均进行相应的研究,其目的是"识别长短",即与对手相比,认识企业自身的实力与不足。只有写作企业战略型论文,即把企业当成一个整体时,才需要写"企业内部因素分析"。开展分析时,可以使用的分析工具包括"价值链"分析法、波士顿矩阵和 SWOT 矩阵等,还应使用数据增强可信性。

2. 企业现状分析

企业现状分析的主要目的是:①使读者能够充分了解企业的基本情况和内部经营现状;②为提出研究问题提供客观数据。企业现状分析应包括企业的历史沿革、企业概况、组织结构、主要产品、市场或供应情况、主要经营指标等具体内容。其中,历史沿革和企业概况是指企业的初创、发展、转型,企业的搬迁和其他经营过程。MBA/EMBA 学生可以以时间为轴,依次描述企业发展过程中的重大历史事件,如企业成立、战略转型、组织结构重大调整、企业性质转变等,以及主要产品和业务特点。

组织结构是表明组织各部分排列顺序、空间位置、聚散状态、联系方式以及各要素之间相互关系的一种模式,是整个管理系统的"框架"。在介绍企业组织结构时应注意以下几点:

(1) 结合企业的整体现状;

(2) 尽量使用图表,尤其是组织结构图,如图 6-4 所示;

(3) 注意组织结构图的层次和美观。

主要的产品分析需要围绕以下四个方面来写:

(1) 产品类别。学位论文应介绍企业产品(或提供的服务)的类别、各类别的用户和规模以及各类产品服务所占的比例。

(2) 主要产品或重点产品。主要产品是利润的主要来源,有的企业甚至仅仅围绕一个产品进行经营。应对其进行深入分析并介绍其工艺流程。

(3) 运用产品生命周期理论,分析产品从进入市场到被市场淘汰的全过程。

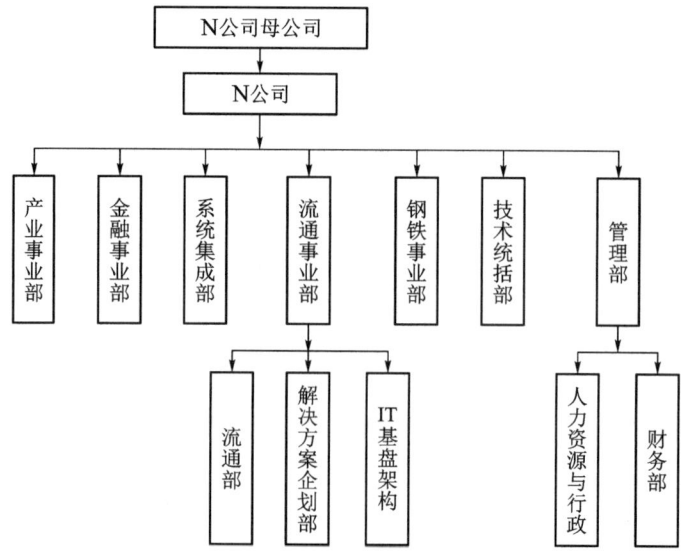

图 6-4 项目实施方某公司的组织结构

(4) 介绍产品结构和产品线。

企业现状市场分析(或供应市场分析、供应状况分析)应当对企业上下游的状况进行详细分析。一般营销类的学位论文需要进行详细的市场分析,采购和生产类论文则需分析供应状况。同时分析市场或供应状况的论文相对少见。

公司的经营指标一般包括总资产、销售收入和利润等,按照论文研究的内容,可以细化到资金周转率、应收账款周转率等财务指标。经营指标分析属于定量分析,一般通过图表与文字相结合的形式展现企业在一定时期内的运营状况。

3. 存在问题分析

任何一篇学位论文的核心都是一个需要解决的问题。科学论文一般解决的是变量之间的关系;而 MBA/EMBA 专业的学位论文则解决社会上的实际问题。我们经常看到一些长论文,文字冗长但找不到需要解决什么问题,这样的论文必然是不合格的。还有一些学生提出的是"伪问题",因为他们并没有理解问题以及产生问题的原因。

论文研究不能停留在表面,要抽丝剥茧、寻根溯源,找到产生问题的真正原因,才能从根本上解决问题。例如,对公司某产品的需求预测准确率偏低的现象分析,提出的问题应当是"对 K 公司的 Q 产品需求预测与实际需求相差较大";原因则包括预测的主观性强、流程不完善、职业和绩效考核不匹配。

此外,存在的问题需要在论文中得到合理的"界定"。所谓"问题界定",是指论文应对企业或行业的现状进行深入而具体的分析,并经过梳理、归纳,形成若干具体的并且具有代表性的问题。问题界定的清楚程度将关系到论文选题的优劣,还决定了论文的整体质量。因此,问题界定的写作是 MBA/EMBA 学位论文写作的前提和基础。问题界定的一般步骤包括进行问题初步归类(表 6-1)、提炼出若干问题以及提炼核心问题(最关键、最重要,决定或者影响着其他问题)。核心问题解决了,其他问题往往可以迎刃而解。

表 6-1 问题归类法

分类特征	问题分类
按管理层次	战略层、管理层、作业层
按部门或管理职能	生产、销售、采购、财务、人力资源、物流
按经营环节	采购、生产、销售、售后服务

提炼核心问题之后,需要找出问题产生的原因,可以采用因果分析法(鱼骨图)。通过一个个分支、一层一层展开,直到找出真正的原因。"鱼刺图"绘制完成后,应对其进行解释说明,通过数据统计分析、测试、收集有关问题的更多数据来确认最基本的原因。

6.2.4 解决方案设计的写作

解决方案的设计即给出方案得以有效实施的一系列策略、方法、计划和行动,如建议、时间表等。解决方案设计应具有明确的目标、原则和总体思路。其写作需要综合考虑 MBA/EMBA 学生所在企业的经营背景、面临的具体问题、可利用的资源、管理思路等因素。MBA/EMBA 应综合使用创造性思维,针对自身企业的实际情况,提出有效方案。因此,解决方案设计的好坏,可以直接看出 MBA/EMBA 学生的创造性。以《××市烟草公司客户经理绩效考核优化研究》为例,解决方案主要包括如下内容:增加正向激励评分标准,能力、态度考核指标和标准以及"线上""线下"考核内容。上述方案包含的要点包括创建良好的内部环境、做好培训工作、全员参与、建立科学智能的绩效管理系统、完善奖惩评分标准、注重绩效沟通、注重考核结果的运用以及允许绩效考核不断完善。

综上所述,解决方案设计过程中需要把握三个要求。

(1) 目标明确。解决方案的设计离不开与前一章的呼应,设计的解决方案应能有效解决前面一章提出的主要问题。在实践中,一些 MBA/EMBA 学生撰写论文时,解决方案与问题产生了"脱节"。如果企业的现实问题没有在学位论文中得到解决,那么论文的写作便失去了意义。

(2) 理论科学。解决方案中所采用的理论方法是科学的、先进的。例如,客户关系管理(CRM)系统就是一种新兴的客户管理方法。如果论文的解决方案部分涉及了 CRM 的使用,那么该论文便在一定程度上体现了大客户管理的先进性。

(3) 方案可行。论文解决方案中列出的每一项工作都应能够按部就班地进行,以保证人力、资金的充分投入,工作和工作之间也要有合理衔接。例如,在《LG 华南洗衣机营销渠道改进研究》一文中,解决的重点包括调整产品定位、拓展产品线、重构价格体系、优化营销渠道和采用营销组合。

解决方案设计各部分的写作思路包括四个方面。

(1) 解决方案设计部分往往以"解决方案设计的目标、原则及整体思路"开篇。任何事情开始之前,都要先确定目标。对企业管理来说,解决方案设计的目标一般都是建立一套高效、系统、全面的管理体系,提高市场竞争力。具体到营销、生产、财务等某一个领域,还要细化目标。

(2) 解决方案设计中涉及的每个要点需要有内容支撑。"一个好汉三个帮",写论文也是一样。一个解决方案,需要三个以上的要点支撑。一个要点,也需要三个以上的计划(活动)支撑。例如,《浦发银行 N 分行大客户营销策略研究》一文的要点是"N 分行大客户服务营销策略",其具体内容包括从客户个性化需求出发进行产品设计、实施差异化价格手段、引入个性化促销策略、拓宽销售渠道以及服务过程细节化。

(3) 检查自己提出的思路是否能解决企业的实际问题。解决方案的核心在于解决问题。在这里,我们需要实施检查方案,看看它能否解决上述问题。要注意以下三点:①不要问新问题;②问题和解决方案不一定是一一对应的;③应该有一些推理来说明什么问题可以解决。

(4) 紧密结合实际。在解决方案中,要明确告诉读者企业该怎么做。有些方案,大谈重要性、必要性,但要求企业如何做的内容却讲得很少、很含糊。不要介绍理论和经验,有些学生在制订自己的解决方案时,发现一些基本的理论、概念、做法没有得到充分介绍,于是在解决方案部分首先阐述这些理论和经验,这种方法是不可取的。以《融入 ESG 信息的公司债违约风险识别方案策划》为例,给出一个方案设计的论文大纲供读者参考。

第 4 章 公司债违约风险识别方案策划
 4.1 方案策划的构建思路
 4.2 方案策划的理论解释
  4.2.1 传统指标识别公司债违约的理论解释
  4.2.2 ESG 指标识别违约债风险的理论解释
  4.2.3 ADASYN 非平衡优化算法的原理及应用
 4.3 方案设计
  4.3.1 SG 指标的处理与量化
  4.3.2 方案的指标体系
  4.3.3 方案的有效性评价指标
  4.3.4 基于 Catboost 算法的方案设计
  4.3.5 基于传统集成算法的方案设计

6.2.5 实施方案的写作

实施方案的一般内容包括实施目标、进度计划、重点难点分析、保障措施、风险分析与控制以及实施效果评价等。

(1) 实施目标通常包括:①工作范围,即可交付成果、交付物的描述,主要是针对方案实施的结果;②进度计划,说明实施方案的周期、开始及完成时间;③成本及收益,说明完成实施方案的总成本及预期的总收益。

(2) 进度计划,又称时间计划。它包含三层意思:①各子项实施的先后次序;②每个时间段做什么;③主要承担部门做什么。例如,某物流园建设项目总体施工的进度计划①,如表6-2所列。

表6-2 某物流园建设项目总体施工的进度计划

序　号	结点工期控制	时　间
1	桩基工程	2018年5月20日
2	基础工程	2018年8月20日
3	主体结构封顶	2018年11月15日
4	室内外装修	2019年5月15日
5	竣工验收	2019年6月30日

(3)重点难点分析。常见的重点难点分析内容包括:①核心的子项目,难度最大、工作量最大、持续时间最长,需要高度关注;②涉及部门较多的项目;③新的技术或管理方法应用。

(4)保障措施。是指在方案实施中,需要在组织、人力、制度、设备、能源等方面采取各种措施,从而保证实施方案按计划完成。

(5)风险分析与控制。风险是指产生损失(或获得收益)的不确定性。企业中发生各类风险,往往会使企业遭受难以估量的损失。在实施过程中,难免会产生各种风险。因此,需要对潜在的风险进行管理。所谓风险管理,一般包括风险的识别、评估、应对和监控等4个方面。

(6)实施效果评价。是指对已经实施方案的目的、执行过程、效益、作用和影响所进行的系统的、客观的分析。效果评价一般包括目标评价、实施过程评价、效益评价、影响评价以及持续性评价等内容。有些管理方案还没有来得及实施,可以先预测其实施效果,而不一定要等实际实施完成后再进行效果评价。

6.2.6　结论的写作

论文的结论是对自己的创造性工作及所取得的研究成果在本学术领域中的地位、作用和意义的提炼与概括,应准确、简明、完整、有条理,使人看完后就能

---

① 王一森.JN物流园区建设项目进度计划与控制研究[D].天津:天津工业大学,2019.

全面了解论文的意义、目的和写作内容。结论是一篇论文内容经过发展的必然结果。所谓"凤头、猪肚、豹尾"说的就是这个道理,一篇优秀的论文,开头要引人入胜,中间应论证充分、饱满,结尾应具有启发意义、引人深思。

结论的内容一般应包括以下几个方面:

(1) 本文的研究成果解释了哪些问题、解决了哪些问题、提出了哪些新的方法。

(2) 对既有研究存在哪些修正、补充和发展。

(3) 本文的不足或有待解决的问题,以及解决这些问题的方法。

(4) 对未来的研究展望。

结论部分的写作要求是:严谨、严密、具体。结论就像法律条文一样,一条一条地依次列出;措辞语气坚定,不能模棱两可;措辞不能夸张,不能完全肯定的内容要留有余地。

结论在论文中的地位不容忽视。要写出好的结论,需要注意以下三点:

(1) 结论应起到总结全文的作用,一般不提新观点。

(2) 结论的语言要简洁有力,给读者留下深刻的印象。不能草率完成,虎头蛇尾;也不能画蛇添足,冗余拖沓。

(3) 严格区分自己的学术成果和既有的成果。

下面的《工业机器人类产品需求预测研究》,给出一个结论与展望的实例。

1. 结论

工业机器人正成为智能制造中关键的一个环节,全球范围内很多企业正逐步将原来以劳动人员为主的生产线转型为以工业机器人为主的生产线的战略模式,其市场需求量也日益增加。而需求预测是企业执行公司战略的重要环节之一,其交货时间的快慢、库存的高低、生产能力的大小都与之息息相关,并且对企业的盈利能力意义重大,因此,对工业机器人需求预测的研究就显得尤为关键。

本文以K公司的Q产品为研究对象,主要分析了K公司现有需求预测流程中预测工具的使用以及流程中存在的问题,通过查阅各相关文献,建立了适用于K公司Q产品的预测模型以及相关流程。本文主要的结论有:

(1) 本文从平均绝对误差、平均预测误差、平均绝对百分误差三个角度,观察了多种预测方法在K公司Q产品的背景下的预测效果,并通过实验比较,验证了组合预测模型对于提高预测准确性的可行性。

（2）对于K公司Q产品的销量而言，其需求量是一个非平稳的时间序列。而ARIMA模型对于总体需求预测准确性较为理想。但是对于单一的ARIMA模型而言，某一单个月份的预测偏差较大。

（3）将K公司的需求管理流程通过运用SIPOC模型对其进行梳理、改善，同时在改善的过程中梳理并清晰地展示了改善后的需求管理流程，从而优化了K公司需求预测管理的操作流程，能够帮助提高K公司Q产品需求预测的准确率。

（4）通过文献查阅，单一的预测评判指标或多或少存在一定的缺陷。

本文阐述并总结了一套有效的预测效果评估指标，从而能够量化并立体地判断各种预测模型对于K公司Q产品而言的预测效果的优劣。

2. 展望

经过本文对预测方法及流程的研究，还可以从以下几点作进一步的改进，以期提高企业自身竞争能力、提高客户满意度、提高自身的生产效率以及合理安排供货计划等。

（1）绩效考核的制定。无论是现有的需求预测流程还是本文论述的预测流程，都离不开销售人员从市场收集来的需求数据。在这个过程中，一线销售人员的责任心、专业能力等都会影响着销售人员提供的预测效果的好坏，从而影响到预测效果。所以，如何将销售人员的责任心、专业能力和预测的准确性相关联是一个难题。若是能提高他们相应的责任心，这将对公司的发展大有裨益。

（2）观测层级的确定。目前，虽然K公司产品类型丰富，但其同家族类产品的共用件相对较多。随着时间的推移，越来越多的产品可能会投入市场，这可能会造成其零件通用率的下降。从预测层级来看，届时从哪一层级去做预测可能对K公司更有利，是在原材料、半成品、单一机器人型号，还是机器人家族种类，甚至K公司层级去预测是一个需要深入研究的问题。

（3）由更多种预测模型构成一个组合模型的融合。本文中提到的K公司Q产品，其组合预测模型结合了ARIMA模型以及销售人员从市场收集来的预测数据。随着数据的积累，可以更加深入地挖掘市场以及企业内部的数据，寻找影响需求变化的因素，同时，未来可以尝试组合多种不同的预测模型，不断提高组合预测模型的效果。这样便能够更好地发挥组合模型所带来的优势。

第 7 章

论文答辩及评价标准

【本章概况】

　　介绍论文答辩的特点、功能、过程和内容,以及评价答辩的各类指标。所谓论文答辩,指的是有组织、有准备、有计划地进行论文评审的过程;也是答辩委员会根据论文内容向学生提问、学生解答问题的过程;还是培养学生综合能力的重要方式。本章包括两个主题:(1)论文答辩的特点与作用;(2)论文答辩的过程与内容。

7.1 论文答辩的特点与作用

一般来说,从 MBA/EMBA 学生提交的学位论文中,已经可以大致反映出 MBA/EMBA 学生对知识的掌握程度、对所写论文的理解能力以及对题目的论证能力。但由于种种原因,有的问题没有在学位论文中得到充分的探讨。这种情况的产生可能由于多种原因,例如,有的学生可能局限于整体结构,有的学生可能受到篇幅的限制,有的学生认为某些内容不重要或没有必要详细展开和解释,有的学生可能本身对某些问题就不清楚而选择故意回避问题。通过开展论文答辩,答辩委员会可以进一步理清 MBA/EMBA 学生未能在论文中进行深入分析的原因,从而了解学生对自己论文理解的深度、广度。

因此,论文通过指导老师审核及评价后,必须进行答辩,以保证论文具有基本的学术质量,且可防止舞弊现象。答辩的目的主要是审查论文的真实性、评估学生知识的掌握能力与应用能力、评估学生的综合素质和创新能力。

7.1.1 论文答辩的特点

辩论分为很多形式,一般包括竞赛式辩论、对话式辩论和问答式辩论等。"答辩"即问答式辩论的简称,其一般具备如下三个特点。

1. 答辩双方人数不平等

以某高校《学位授予工作细则》为例,申请人提出学位论文答辩申请后,由学位评定分委员会组织硕士学位论文答辩委员会;委员会成员由 3~5 人组成,成员应是本学科具有副教授及以上相当职称的专家或具有研究生指导教师资格的专家,如果申请人的指导教师作为答辩委员会成员,则应至少由 4 人组成。硕士学位论文答辩委员会主席由副教授及以上相当职称的研究生指导教师担任;申请人的指导教师不得担任答辩委员会主席。此外,MBA/EMBA 学生单独参与答辩。答辩委员会对论文进行提问,学生独立思考、回答问题。这样,答辩双方在知识、经验、资历方面都会有所差异。答辩结束后,答辩人应回避,答辩委员会进行无记名投票,独立评估 MBA/EMBA 学生是否达到毕业标准以及能否授予学位。

2. 答辩准备范围广泛

MBA/EMBA学生须在答辩前做好充分准备,以便能够顺利通过答辩。第一,审读并完善论文。在答辩之前,学生必须认真审读自己的学位论文,不仅要避免低级错误,做到不出现错别字、标点符号准确、格式规范、符合培养单位的要求,还要克服逻辑错误,做到观点正确、材料翔实、论证恰当、方法正确。第二,熟悉论文内容,准备答辩提纲。MBA/EMBA学生应在答辩前认真熟悉自己的论文,特别是主体部分、结论部分的内容,充分了解和掌握与论文内容相关的知识;对论文存在哪些不足之处做到心中有数。第三,开展答辩模拟。在答辩前,学生进行答辩模拟练习有助于熟悉自己的答辩提纲,控制好答辩节奏和时间。

3. 表达方式以问答为主、辩论为辅

MBA/EMBA专业学位论文答辩一般采用"问—答"形式。首先由委员会的专家提问,MBA/EMBA学生回答。在上述过程中,有时会出现双方观点不一的情况;有时也可能出现委员会的专家对MBA/EMBA学生给出的答案并不满意,则会进一步提问,以了解MBA/EMBA学生是否真正理解和掌握了问题。在这种情况下,如果MBA/EMBA学生有把握能够解释清楚,便可进行充分的答辩;如果不确定问题的答案,可以审慎回答。即便对提问的问题不是十分确定,也可以尽可能充分地回答。如果论文的确出现了委员会专家提出的问题,也应该实事求是地解释,表明在今后会考虑上述问题,对研究进行完善。

7.1.2 论文答辩的作用

MBA/EMBA专业学位论文主要采用"论文评审"和"答辩"这两种评价方法。论文评审是指专家对论文进行评阅,但这种方法只能对论文进行单向、书面、静态的评价。论文答辩则不同,通过答辩委员会和学生之间双向、口头沟通,可以实现对论文动态的评价。因此,论文答辩的目的便是在于对论文进行更进一步的审核,包括鉴定论文的真实性、测试学生运用知识的能力、展现学生的自信和口才、评价论文的最终成绩等。答辩学生应注意以下5个问题。

1. 鉴别真伪(是否是自己独立完成的论文)

评价MBA/EMBA专业学位论文的首要工作是核查论文的真实性,这是一个最基本的要求。只有在鉴别真伪的情况下，才能对学位论文做出准确、科学的评价。所谓真实性，也就是毕业论文是否是MBA/EMBA学生本人的研究和写作成果，是否抄袭他人或他人代作，这是一个原则性问题。MBA/EMBA专业学位论文要求学生在导师的指导下独立完成。在一个较长的时间内完成，难免会有少数学生投机取巧，采取各种手段作弊。也有学生并非故意抄袭，往往是由于他们不了解文献哪些可以接受、哪些不可以接受所导致。所以通过论文答辩可基本鉴别论文的真实性，从而保证MBA/EMBA学位论文的整体质量。

2. 考查知识运用能力

考查知识运用能力就是答辩委员会考查MBA/EMBA学生对学位论文中研究问题所涉及的基本概念、基本理论、基本方法的掌握程度。虽然通过对学位论文进行评阅，已经可以大致看出学生已掌握的知识和具备的能力，但答辩可以进一步考查MBA/EMBA学生综合运用各类理论、独立分析问题和解决问题的能力。因为学生在写论文时所使用的知识，有的可能已经真正掌握，并能够很好地理解；有的也可能仅仅是"一知半解"，并没有内化为自己的知识；甚至有的MBA/EMBA学生仅仅是机械地照搬别人的文章，连基本意思都没有弄清楚。在答辩过程中，答辩委员会将对论文中不清楚、不准确的部分提出问题，让MBA/EMBA学生进一步回答，以检查学生对应掌握的理论是否具备基本认识和运用能力。

3. 深化提高和增长知识

通过答辩，答辩委员会可以进一步判断论文是否切题（题目是否正确）、各个章节布局是否合理、所引证材料是否恰当、论点论据论证是否得当。在答辩过程中，答辩委员会也会就论文中的一些问题阐述自己的观点，提供进一步研究的思路或提供其他有价值的信息。这样，MBA/EMBA学生还可以在答辩过程中获得新的知识。当然，如果MBA/EMBA学生的论文本身便具备独到的见解，答辩委员会的专家也会从中得到启示，是一个"教学相长"的过程。

4. 展现学生的自信和口才

很多学生在面对众多答辩委员时容易产生紧张心理。其实学位论文答辩恰恰为每个学生提供了一个展现素质、能力的舞台。所以，MBA/EMBA学生对学位论文答辩，既不能表现得敷衍塞责，也不可轻易泄气，应做好充分的准备。

5. 评价论文成绩

虽然答辩时提交的学位论文,在答辩以前已经通过各类评审并且修改多次,导师本身对论文的水平也已做出评价;但论文答辩的成绩仍然与 MBA/EMBA 学生的个人答辩表现有直接关系。答辩委员会将综合学生的表现、论文的质量进行评判,确定论文的最终成绩。

7.2 论文答辩的过程与内容

7.2.1 学位论文答辩前的资格审查

MBA/EMBA 学生在申请答辩时,首先需要接受学院的答辩资格审查,只有审查通过,才可以组建答辩委员会,并准备参加正式的答辩。学位论文答辩资格合格的条件主要包括:①培养计划中的各门课程考试、考核需要全部通过,学分修满;②指导教师签署同意答辩的审阅意见;③学位论文通过查重等。通常情况下,上述条件需要同时具备,才能参加论文答辩。下面以同济大学 MBA 论文答辩前的资格审查要求为例,介绍资格审查的具体要求和所需提交的材料,如表 7-1 所列。

表 7-1 答辩前的资格审查要求

序号	具体要求	提交材料
1	完成培养计划并通过中期考核	
2	在 MBA 学制内(超过 2 年正常学制需在系统中申请延期)	系统延期申请同意
3	论文实际工作时间不少于 1 年	
4	论文通过校内双盲评阅	论文 2 本(隐去个人及导师相关信息)
		论文盲评申请表(需导师签字同意)
		中国知网论文相似度检测报告 1 份(要求论文"总文字复制比"小于等于 15%,且"去除引用文献复制比"小于等于 10%)
5	论文通过校外盲审抽检	

7.2.2 答辩的一般过程

答辩资格审查通过后,才能正式进入论文答辩阶段。MBA/EMBA 论文答辩的具体过程如图 7-1 所示,答辩一般包括答辩开始、答辩者宣讲陈述、答辩委员会提问、答辩者回答问题和答辩结束等 5 个阶段。

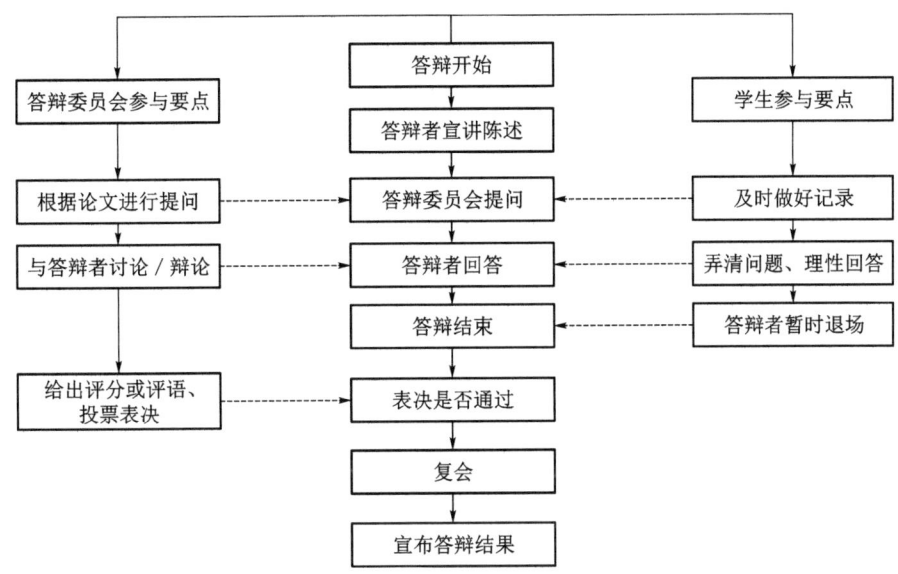

图 7-1 MBA/EMBA 论文答辩流程

1. 答辩开始

在答辩开始阶段,答辩委员会、秘书、答辩者各自在安排的位置上就座。答辩委员会主席宣布答辩开始,并依次介绍各位答辩委员会成员的姓名、工作单位、职务职称等个人情况,简要介绍答辩的安排、要求和注意事项,说明答辩的程序等。

2. 答辩者宣讲陈述

在陈述阶段,答辩者将向答辩委员会报告论文的简要情况。时间应控制在 10~15 分钟。一般来说,准备 10~15 页的幻灯片便足够了(参照不同学校的具体要求)。答辩的具体内容主要包括答辩者自身的工作背景、选题目的与自身工作的关系、论文采用的研究方法、论文的主要内容和得到的结论等。

3. 答辩委员会提问

答辩者在做完陈述后,答辩委员会开始提问。提问的内容一般包括论文涉及的基本理论知识和技能、数据来源以及答辩者本人开展的各类工作等。提问环节的主要目的在于考察MBA/EMBA学生的综合素质、开展研究的科学性、先进性和现实意义等。提问过程中,学生应仔细聆听、做好笔记。

4. 答辩者回答

在提问结束后,答辩者可考虑一段时间后,对所提问题进行回答;有时答辩委员会也要求答辩者在问题提出后立即进行回答。具体采用哪种问辩方式,将由答辩委员会在答辩之前予以具体说明。在答辩者回答问题时,答辩委员会成员也可以随时插问,以进一步检验MBA/EMBA学生对知识的掌握程度。提问时间一般控制在5~10分钟。在上述过程中,答辩者还应做好详尽的记录,以便在答辩结束后进一步完善自己的论文。

5. 答辩结束

在所有问题回答完毕后,答辩者将按照答辩委员会主席的指示暂时回避。此时,各答辩委员会根据论文质量、学生答辩情况,对论文进行综合评价(如《上海市工商管理硕士学位论文评价指标体系》所示,见表7-2),无记名投票决定论文是否通过。然后会议将继续。所有答辩者重新回到会议室后,答辩委员会主席将宣布答辩委员会的决议。

表7-2 专业学位论文评价指标体系

评价指标	评价要素	权重
选题	源于工商管理领域现实问题;问题提炼和表述准确,研究范畴和目标清晰;对当前工商管理实践有现实意义	20%
应用性	提出的解决方案具有实际应用价值;研究成果对工商管理实践具有指导或推广意义;或有一定的社会效益或经济效益	30%
专业性	能够体现专业理论和专门知识的掌握;能够运用相关学科领域的理论知识和分析工具;资料、数据翔实,分析论述严谨	20%
可行性	研究方案设计合理,研究方法和技术手段可行;提出的对策建议和实施方案具有可操作性;工作量饱满	20%
规范性	结构完整,条理清楚,表达准确,行文流畅;资料引证、图表展示、文献标注规范	10%
综合评价		

注:评价结论分为优秀、良好、合格、不合格4种。优秀:≥90分;75分≤良好<90分;60分≤合格<75分;不合格:<60分。

第 8 章

MBA/EMBA 学位论文写作过程中常见的问题

【本章概况】

　　编者通过问卷和访谈了解一些导师和学生在日常论文工作中遇到的问题，以 Q&A 的方式汇总了论文写作过程中的各类问题并提出相关建议。

Q: 写论文没信心,干脆就停笔了,怎么办?工作内容和理论知识难以融合衔接,找不到切入点,怎么办?

A: 写论文就像是建造大楼,不是闭门造车,需要收集企业资料、评估现状、找到问题、找到问题的解决方法(技术路线)并努力解决它。一般而言,首先要尽量收集足够多的资料,这相当于收集了足够多的建筑材料。而该怎么造这栋大楼,可以循序渐进、逐渐调整。所谓"巧妇难为无米之炊",去见导师前,希望大家备好"材料",导师可以根据你手中的材料指导你。比如该集中在哪个问题,应该用什么理论,如何把自己收集的企业工作问题和理论知识进行融合等。切忌跟导师空谈,耽误彼此的时间。

Q: 工作、家庭琐事太多,难以集中时间、精力处理论文。特别是疫情发生后,明显感觉自己工作压力大,时间管理失控,效率低下,怎么办?

A: 每个人的时间都是有限的,要利用有限的时间,科学合理地制订计划,将不同的事情"分级"并优先处理重要的事情。四象限法则是著名管理学家史蒂芬·科维提出的一个时间管理理论(图8-1),把工作按照重要和紧急两个不同的程度进行了划分,基本上可以分为4个象限:既紧急又重要、重要但不紧急、紧急但不重要、既不紧急也不重要。我们需要处理的顺序应该是:先是既紧急又重要的,接着是重要但不紧急的,再到紧急但不重要的,最后才是既不紧急也不重要的①。我们考虑事情应先考虑事情的"轻重",再考虑事情的"缓急"。

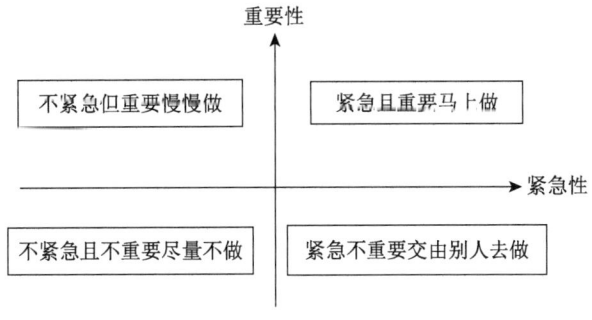

图 8-1 时间管理四象限法则

---

① 董君武,方秀红.优势学习的理论建构与实践应用[M].上海:华东师范大学出版社,2019.

Q：导师很忙怎么办？能否在论文开始初期定时去学校让导师指导，比如每周六上午 9 点到下午 3 点，一直持续到满 2 年学制，或者 2 年满后也可以选择签到制度集中进行论文辅导？

A：学校/学院将尽可能为每个 MBA/EMBA 学生争取更多的导师辅导时间。然而在实践中，导师的时间有时也相当有限。他需要从事自己的科研工作，同时也有很多课程的授课任务。作为 MBA/EMBA 学生，应在充分阅读文献、大量收集数据之后"有的放矢"，与导师沟通时直奔主题。这样，只需要与导师通过邮件、微信等沟通自己面临的困难，即可起到事半功倍的效果。

Q：如何体现学术性是难点，论文框架的搭建始终感觉存在问题。感觉实践经验很多，但转化成论文语言和逻辑又很难，怎么办？写到什么程度才算好呢？

A：学校图书馆为每个学生提供了大量的学术资源。可以选择与自己研究内容类似的学位论文（硕士或博士）并仔细阅读。通过阅读质量较高的学位论文，可以很好地体会论文的语言风格、写作逻辑，平时也可以进行简单的写作训练，提升自己的写作能力。同时，也可以与同学互相批改写作的内容。听取其他人的意见，也十分有利于提高自己的写作水平。

Q：论文阶段孤军奋战，缺少专业写论文知识的培训怎么办？对论文流程很陌生怎么办？

A：一方面，要常常和导师交流自己面临的困难。导师看过的、解决过的问题很多，在理论储备方面也比学生深厚。另一方面，要尝试阅读论文写作方面的教程。图书馆数据库中大量的学位论文也是很好的素材。通过阅读，你将熟悉论文的内容安排、排版格式、语言风格等。此外，学校、学院也会积极为 MBA/EMBA 学生开发适合的论文写作教程、视频等，学生可以熟悉论文的写作流程和相关材料的提交方式。

Q：没法静下心来，没有人在身边督促怎么办？长此以往，很容易有懈怠心理并容易拖延。

A："甘坐冷板凳"是学术活动的常态。学位论文写作也是一种学术活动，需要安静的环境、整段的时间,集中精神、按部就班地完成。MBA/EMBA 学生应该学会科学合理地制订自己的论文写作计划,利用各类时间管理法则安排好自己的工作、生活,也可以有目的地来训练自己的注意力。图书馆、咖啡厅也是催发写作灵感的合适场所。

Q:异地工作回学校不便,文献资料获取途径少怎么办?疫情期间无法进入学校,无法使用学校资源怎么办?

A:作为 MBA/EMBA 学生,与其他全日制在校学生一样,可以充分使用学校的图书馆资源。即使是在家里,也可以通过学校信息办提供的 VPN 服务或图书馆提供的便捷访问服务使用学校购买的全套数据库。要认真阅读信息办、图书馆提供的使用手册,遵照相关规定,充分使用学校为每个学生提供的学术资源。同时,应充分与导师进行沟通,导师理解到学生面临的困难后,也会推荐一些经典的书籍/文献供学生阅读。

例如,知网目前可以进行校外访问,不用 VPN 也可以登录。登录知网后选择校外访问(图 8-2),检索自己所在学校,输入在校常用的账号(一般为学号)及登录密码即可。

图 8-2　知网校外访问路径示意

Q:论文盲审时,不同论文导师审阅意见不一致,造成论文修改的困惑,不知道该听谁的。也很用心在写,但两次双盲审都没通过,很沮丧。

A:学校、学院将尽力为 MBA/EMBA 学生做好论文盲审、答辩的组织和交接工作,并通过制度建设和培训,使每个学生熟悉了解学位论文写作、审查、答辩的全过程。随着互联网手段的成熟,学院也将建立各类沟通渠道,定期发送盲审、答辩等相关要求,提醒学生注意论文格式等问题。进入研究生阶段后,每个人的研究领域相对而言变得更"窄",每个专家完全熟悉每个研究生学位论文使用的全部理论是不现实的。因此,可能会存在不同论文导师审阅意见不一致、盲审不通过的情况。这时,要认真梳理专家提出的问题、给出初步的解决思路,并与导师进行充分、细致的沟通。通过互相交流,形成修改论文的共识,最终对论文进行有针对性的修改。

Q:论文答辩比较紧张怎么办?

A:学位论文答辩是评定学位论文能否通过的关键环节。面对答辩,首先要做好充分的准备,精心制作幻灯片,并准备好答辩的草稿(纸稿或腹稿)。其次,在正式答辩前,可以进行若干次模拟答辩,邀请同学或导师对自己答辩的语速、语音语调进行点评。此外,适当准备若干问题也是必要的。可以提前思考答辩委员会可能会提出的问题并作适当的准备。最后,要保持轻松的心态,在答辩之前做好心理上的调整。

Q:论文模板格式内容非常含糊,导致论文格式不过关怎么办?

A:论文格式问题是论文写作过程中最常见的问题,各个高校的论文模板也有很多,有些论文模板强调学术性,需要费心整理,给学生在格式调整的过程中带来很大的困扰。建议还是以学校的模板为主,相关要求也可以参见第1章内容。

其他论文写作视频集锦

附录

论文范例

××公司竞争战略研究

目 录

第1章 绪论

1.1 研究的背景及意义

1.2 研究方法

    1.2.1 文献分析法

    1.2.2 规范性理论分析法

    1.2.3 定量分析和定性分析结合的方法

    1.2.4 实证调查与分析方法

1.3 研究框架和思路

    1.3.1 研究问题的提出

    1.3.2 竞争环境的分析

    1.3.3 竞争战略的制定

    1.3.4 竞争战略的实施

第2章 基本理论概述

2.1 企业竞争战略理论的发展历史

2.2 迈克尔·波特的企业竞争战略理论

    2.2.1 总成本领先战略

    2.2.2 差异化战略

    2.2.3 专一化战略

2.3 企业竞争战略分析的相关工具

    2.3.1 波特五力分析模型

    2.3.2 竞争对手分析模型

    2.3.3 竞争态势矩阵

    2.3.4 SWOT分析模型

2.3.5 价值链理论

第3章 ××公司的外部环境分析

3.1 汽车及某汽车零部件市场概况

　　3.1.1 中国汽车市场发展现状

　　3.1.2 中国某汽车零部件市场发展现状

3.2 ××公司简介

3.3 ××公司竞争环境分析——基于波特五力

　　3.3.1 新进入者的威胁

　　3.3.2 供应商的议价能力

　　3.3.3 购买者的议价能力

　　3.3.4 行业内现有竞争者的威胁

　　3.3.5 替代品之间的威胁

3.4 ××公司竞争态势矩阵(CPM 矩阵)分析

3.5 ××公司核心竞争对手分析

第4章 ××公司的内部环境分析

4.1 ××公司产品特色与客户介绍

　　4.1.1 ××公司产品介绍以及制造工艺特色简介

　　4.1.2 ××公司客户介绍

4.2 ××公司核心竞争力

　　4.2.1 强强联合带来的品牌商誉

　　4.2.2 集中化生产带来的效率的提高

　　4.2.3 总成制造能力的加强和优化

　　4.2.4 财务能力的增强和投资能力的加大

4.3 ××公司面临的显著内部问题

　　4.3.1 股东背景和文化差异导致内部分歧显现

　　4.3.2 现有人事和组织架构凸显内外部矛盾

　　4.3.3 订单交付和产能投资问题突出

　　4.3.4 价格的降低和质量提升的需求冲突

　　4.3.5 市场与客户战略调整——基于市场垄断的担忧

第 5 章　××公司的竞争战略的制定

5.1　SWOT 模型分析

  5.1.1　SWOT 四要素

  5.1.2　构造 SWOT 矩阵

5.2　针对××公司竞争战略相关的专家访谈

5.3　××公司竞争战略提出

第 6 章　××公司的竞争战略的实施

6.1　基于价值链理论模型分析的总成本领先战略的实施

  6.1.1　基于战略联盟的制造资源整合

  6.1.2　基于战略联盟的采购资源的整合

  6.1.3　基于战略联盟的营销和售后服务整合以及服务标准的统一提升

  6.1.4　公司管理模式和结构的清晰定义是实现所有整合优势的前提

  6.1.5　基于求同存异的人力资源管理体系

6.2　差异化产品研发战略的兼顾

6.3　××公司战略实施过程中应注意的问题

  6.3.1　基于反垄断法的合法合规

  6.3.2　新增投资与业务增长需求的平衡

  6.3.3　以动态的眼光配合新能源汽车技术的发展

第 7 章　总结与展望

参考文献

第 1 章　绪　　论

1.1　研究的背景及意义

  根据 2017 年 5 月发布的《中国汽车工业发展年度报告(2017)》(蓝皮书)的数据显示,中国的汽车产业已经成为拉动我国工业经济发展的主导行业之一。

2016年,中国汽车行业现价增加值占工业比重已经达到了6.9%[1]。2017年4月6日,工业和信息化部、国家发改委、科技部三部委联合印发的《汽车产业中长期发展规划》指出了中国汽车产业的发展现状以及中长期规划:中国汽车市场过去是,未来仍然是中国经济发展的中流砥柱。预测汽车市场的需求量将在2016年2 800万辆的年销售基础上,保持7%左右的年度增长[2]。

2017年10月中共十九大报告提出,从现在到2020年,"要全面建成小康社会";从2020年到2035年,"人民的生活更为富裕,中等收入群体比例明显提高"。随着人民生活水平的提高,以及可分配收入的增加,汽车将作为生活中必要的交通工具而得到更快的普及。同时,汽车的消费本身也将必然加快升级。中国家庭的车辆拥有率,以及中高档汽车的普及率将会得到大大提高[3]。随着十九大中明确提出"实施乡村振兴战略",汽车市场的销量将会随着二、三线城市的延伸而得到巩固和提高。汽车行业专家提出预测,中国汽车国内年销量峰值将有可能达到4 000万辆的水平[4]。

然而,在这振奋人心的数字背后,汽车产业的发展形势也将面临重大变化。首先,汽车行业的产品形态和生产深度将面临重大变革,对行业供应商在智能化、新材料、新技术的要求将越来越高;其次,新兴需求和商业模式加速涌现,互联网已经与汽车的发展以惊人的速度快速融合;最后,产业格局也面临重大调整,工业4.0和产业的升级为行业竞争带来巨大挑战[2]。

汽车零部件行业的发展水平是影响汽车行业发展水平的重要因素。在过去的近10年时间里,中国汽车市场一直是世界汽车制造商以及零部件供应商逐鹿的沙场。不夸张地说,谁赢得了中国市场就是赢得了世界市场。大众汽车在中国的成功就是很好的例子。与此同时,中国汽车市场也成为各大车企在全球竞争中最激烈的战场之一。客户日益提高的对于价格、性能、安全、服务、新技术、环保、设计、售后服务等各个方面的要求也不断提高了对汽车行业供应商在这些方面的要求。新形势下面临的新挑战,一方面是来自市场的激烈竞争导致的销售价格降低;另一方面是客户对于质量和性能等方面的需求愈加严苛,而原材料和人力成本却不断提高,使得汽车零部件供应商的利润不断压缩。

在中国现有一万家左右的汽车零部件企业中,民营企业占45%左右,扮演着越来越重要的角色[2]。在过去的10年时间中,外资零部件生产企业虽然只占

5%左右,但是如博世、大陆集团、麦格纳等都是各自领域内核心技术的掌控者。随着民营企业技术能力的不断提升和制造设备及制造工艺的升级,外资企业面临来自民营企业的低成本、快速反应能力以及强有力的市场开拓能力的冲击。很多情况下,民营企业与外资企业的恶性价格竞争,加剧了汽车零部件行业供应商生存环境的恶化。为了加强自身的技术能力、谈判能力以及规模效应,横向和纵向的整合越来越常态化。同时,海外并购和收购案例也愈演愈烈。市场呈现出"大鱼吃小鱼""渔夫自己养鱼"的局面[5]。

　　××公司是基于上述背景前提下,以横向整合的方式尝试改善竞争环境的一家汽车零部件供应商。法国A公司是一家世界领先的变速箱某汽车零部件制造公司,以其国际领先的制造技术能力、系统集成和开发能力享誉全球,其产品被全世界所有乘用车客户品牌批量使用,在欧洲占据1/3的市场。然而,市场近几年呈现的新趋势是,欧洲市场的客户开始寻求从中国市场进口零部件,这冲击了法国A公司在欧洲本土市场的发展。自20××年开始,A公司在中国江苏省建立了其全球最大规模的生产制造基地,服务国内整车客户。中国B公司是一家民营企业,自19××年成立以来,以低价竞争主导中国低端微车市场。在过去几十年的发展过程中,中国B公司逐渐实现生产和工艺的更新换代,逐步往中高端市场进军。自2010年以来,B公司已经成为中国国内最大的某汽车零部件产品的本土供应商。然而,如同许多中国零部件供应商一样,B公司一直以"来图加工"的模式为主机厂提供具有价格竞争力的产品,除了低价吸引力以外,缺乏其他核心竞争能力。法国A公司与中国B公司自2016年开始进行战略合作谈判,并于2017年正式成立合资总部××公司,并以××公司作为唯一商务窗口对口整车制造商客户。××的成立旨在利用A公司以及B公司的双方优势,在满足客户对产品设计能力、质量管控能力要求的基础上,提供更具有价格竞争力和服务竞争力的产品,以取得中国某汽车零部件市场三分之二的市场份额为战略目标。同时,通过建立战略合资总部,以期解决目前双方股东面临的以下问题[6]:

　　(1)某汽车零部件产品属于传统汽车变速箱的关键零部件产品,然而,在新能源汽车的设计中却已经成为可替代品。国家宏观政策对于新能源汽车发展的支持力度超乎预期。根据三部委发布的《汽车产业中长期发展规划》,到2025年中国汽车产量将达到3 500万辆,其中20%为新能源汽车[2]。这意味着,对于传动汽车零部件供应商来说,原有市场必然存在被新能源汽车蚕食的风险。因此,××公司如何帮助其股东公司实现规模性、长期、健康且具可持续的发展变得尤为迫切。

(2) A公司与B公司两大行业龙头企业的联盟,必将催化某汽车零部件产业竞争的原有局面的动荡和变革。在2017年初,在该行业与××公司存在竞争关系的供应商中,亦有另外2家国际品牌企业也实现了战略合作,以此对抗××公司在合资后取得的竞争优势[7]。同行业竞争的加剧,使得××公司面临史无前例的压力。

(3) ××公司需要考虑双方股东,特别是合资公司的团队成员在实际运营中将可能面临的问题。中法文化差异、管理模式的差异冲突、协同作用发挥的有效性,以及必然需要面对的市场中伤和流言造成的猜忌,这些问题都将对和谐的合作带来潜在的巨大威胁。

(4) 随着合资公司××公司的成立,大量新增和激增重复,也会使工厂的产能短缺和质量管控问题显现出来。同时这些问题会导致客户的抱怨迅速升级,也会促使客户加快开发第二或第三替代供应商。积累的抱怨,在无法得到及时改善的情况下,将会加速竞争对手对于××公司现有客户和项目的蚕食。

因此,××公司的外部竞争环境和内部竞争环境都面临着巨大的压力,在此现状下,发展战略能否正确设定,以及相应战略实施过程中可能遇到的问题能否妥善解决,将直接影响××公司以及其双方股东公司的存续和发展。

本文正是从××公司的战略目标出发,综合考虑其在实施战略过程中面临的问题,尝试从宏观背景分析出发,再具体对产业竞争情况以及内部问题进行分析,运用合适的竞争战略的分析方法,探求××公司未来发展的发展战略。希望通过本文研究,能够为国内传统汽车零部件制造企业,在行业变革阶段的运营提供一种可借鉴的思路和方法。

1.2 研究方法

本文计划采用以下四种研究方法:文献分析法、规范性理论分析法、定量分析和定性分析结合的方法、实证调查与分析方法。

1.2.1 文献分析法

本文将根据研究的问题,通过国内外图书馆以及互联网资源收集研读国内外有关企业竞争战略的专著、文章、实验数据和案例分析,从而从理论到实际,清楚地了解并掌握本文所要研究问题的理论依据、事实案例和相关数据[8]。

1.2.2 规范性理论分析法

本文将对有关理论进行论述,其中包括传统的企业竞争战略理论、制造型企业运作流程以及运作模式、新能源汽车对于变速箱某汽车零部件技术的变革等基本知识,以便读者对与本文相关的问题有更好的理解,同时也体现了理论与实践的结合。

1.2.3 定量分析和定性分析结合的方法

本文通过对汽车行业、某汽车零部件行业、××公司内部的大量数据进行分析,以及图表和适当模型的使用,使读者了解产业和行业变化趋势,以及××公司的实际运作情况。同时,对某汽车零部件行业专家进行调研访谈,结合相应的定量分析,为论文中战略的提出提供支持。

1.2.4 实证调查与分析方法

本文所有数据和案例源于作者亲历××公司实际运作流程,所获取的实际财务数据、双方股东数据以及行业权威分析数据。因此,本文研究的问题将对实际具有坚实的指导意义。

1.3 研究框架和思路

1.3.1 研究问题的提出

首先,提出论文重点需要解决的问题,即帮助××公司制定合适的竞争战略,帮助其在中国汽车某汽车零部件市场实现从目前20%的市场占有率扩大市场份额到2/3市场占有率的发展目标,并对其在实现目标过程中可能遇到的问题提供可参考的解决方案。

1.3.2 竞争环境的分析

为了保证竞争战略制定的合理性,首先对××公司企业外部竞争环境进行研究和分析。这包含了解××公司所处的汽车行业发展情况、某汽车零部件行业的宏观发展现状、某汽车零部件行业竞争情况。通过迈克尔·波特的五种竞争力模型，分析××公司在某汽车零部件行业的竞争力量。同时，通过使用竞争态势矩阵模型，对××公司主要竞争对手进行更为详细的、有针对性的分析。基于竞争态势矩阵模型的分析结果，对于最具有威胁性的竞争对手采用波特的竞争对手分析理论进行重点分析，得出××公司最主要竞争对手的反应剪影，从而保证更清晰地了解××公司整体的外部竞争环境，并对竞争对手可能的反应措施做好准备。

此外，论文将通过对××公司企业内部一般情况以及面临问题的分析，了解××公司内部的主要竞争优势以及劣势。

1.3.3　竞争战略的制定

在对内外竞争环境进行较充分的分析基础上，借助 SWOT 模型，列举××公司显著的优势、劣势、机会与威胁，集合 SWOT 矩阵模型，构造出适用于××公司的竞争战略，并总结出核心竞争战略，即以总成本领先战略为主，兼顾差异化的新产品开发的战略思路。

1.3.4　竞争战略的实施

基于已经总结出的适用于××公司的竞争战略，论文将应用价值链理论，分别讨论该竞争战略在实施过程中，相应于价值链各环节应注意的问题，为战略的实际操作提出具体可操作的方法，从而使得战略的提出变得务实。

因此，论文计划通过上述步骤和方法的使用，对××公司面临的外部机遇和挑战、内部自身的优势和劣势进行分析，并根据分析的结果，结合竞争理论和实际市场的预测分析，制定符合××公司实际情况的竞争战略，用以指导其短期内问题改善和中长期战略的部署和实施。

第 2 章　基本理论概述

2.1　企业竞争战略理论的发展历史

"企业战略"是随着现代管理学理论的发展而完善的一个重要概念。随着管理学的发展和丰富，以及人们不断的实际运用，该理论得以不断完善与发展。企业战略的发展雏形，可以归于西方管理学大师亨利·法约尔(Henri Fayol)在1916年出版的《工业管理和一般管理》中定义的企业管理五要素[9]，被认为首次将关注的目标放到了组织内部，并首次区分了企业管理与企业运营的概念。法约尔提出的管理五要素，是构成企业以及其他领域管理的基本要素，被人们认为是最早的企业战略管理指导理论。他的研究将使组织的概念进一步抽象和提升[6]。该理论将组织行为的概念进行了清晰的定义，并指出组织存续和发展的条件，即组织成员协作的有效性和组织刺激成员协作足够诱因。

同一时期，被人们称为企业战略之父的美国学者伊戈尔·安索夫(H.igor Ansoff)，提出了战略管理的四要素[10]，并将战略管理目的总结为"发展一系列有实用价值的理论和程序，使经理人能用来经营……商业公司可以凭借这些实用的方法来做出战略决策。"[11]安索夫首次明确提出公司战略概念、战略管理概念、战略规划的系统理论、企业竞争优势概念，以及把战略管理与混乱环境联系起来的权变理论。因此，管理学界把安索夫尊称为战略管理的鼻祖[12]。

1938年，切斯特·巴纳德(Chester Brand)在《经理的职能》一书中正式提出企业竞争战略的概念，经济学家开始运用战略因素将企业内部诸多与企业决策因素相关联的因素进行联合分析[13]。而后，在巴纳德提出的企业合作竞争的理论中，他首次将企业竞争的概念扩展到合作与竞争的研究，并指出这种新模式下的优势互补。该概念在1998年肯尼思·普瑞斯(Kermeth Deiss)的《以合作求竞争》的文献中得以补充，其将企业的竞争研究放到了社会生态中，强调了外部环境对于企业竞争战略的影响[14]。

1965年，美国学者肯尼斯·安德鲁斯(Kenneth R. Andrews)在具有广泛影响力的《经营策略:内容与案例》一书中,对战略做出如下定义:"战略应当是由管理层特意和有意识的决定并加以适应的。"他对战略的构成要素进行了定义,包括市场机会、公司实力、个人价值观渴望和社会责任。安德鲁斯的目标战略理论认为,企业的目标是第一位的,企业的目标几乎决定了一切[15]。

企业竞争理论自20世纪以来受到学界的重点关注,并取得了长足发展。其中最具有影响力的是以肯尼斯·安德鲁斯(Kenneth R. Andrews)以及迈克尔·波特(Michael Porter)为代表的结构学派。其重点内容在于研究企业竞争战略的产业选择与竞争对手的分析[16]。安德鲁斯提出的SWOT分析框架,就企业的优势(Strength)、弱势(Weakness)、外部环境对企业提供的机遇(Opportunity)以及外部环境给企业构成的威胁(Threats)进行分析,该分析框架被认为是企业竞争战略理论富有巨大实用意义的工具[11, 17]。

对于企业战略的研究推动最有贡献的经济学家是哈佛大学的迈克尔·波特(Michael Porter),他是被当今世界普遍认作现代竞争战略和竞争力方面最具权威性的学者,被商业的管理界公认为"竞争战略之父",他也是结构学派的典型代表人物[11]。其《竞争战略》一书总结了著名的五种竞争力,即行业中对手之间的竞争、来自市场中新生力量的威胁、替代的商品和服务、供应商的讨价还价能力以及客户消费者的讨价还价能力[18-19]。波特指出,上述五种竞争作用力共同决定这一个产业的竞争环境和企业在此环境中能获取利润的能力。"当影响产业竞争的作用力以及它们产生的深层次原因确定之后,企业的当务之急就是辨明自己相对于产业环境所具备的强项与弱项"。根据五力的分析,波特进而提出了可供企业应用的三种竞争战略,即总成本领先战略、差异化战略以及专一化战略。它们是企业在产品定位和市场定位中重要的理论基础[20]。

此外,合作竞争战略受到越来越多的学者和实际企业家的研究关注。战略联盟是合作竞争战略的一种主要实现形式,其概念最早由美国DEC公司总裁简·霍普兰德(J. Hopland)和管理学家罗杰·奈格尔(R. Nigel)提出。他们认为,战略联盟指的是由两个或两个以上有着共同战略利益和对等经营实力的企业,为达到共同拥有市场、共同使用资源等战略目标,通过各种协议、契约而结成的优势互补或优势相长、风险共担、生产要素水平式双向或多向流动的一种松散的合作模式[21]。因为战略联盟要求共同承担责任,相互协调,精心谋求各类活动的相互合作,因而模糊了公司的界限,使得各个公司为了实现联盟的共同目标而采取一致或协同的行动。但是有一点是清楚的,联盟伙伴保持着既合作又竞争的关系。联盟伙伴虽然在部分领域中进行合作,但在协议之外的领域以及在公司活动的整体态势上仍然保持着经营管理的独立自主,相互间可能是竞争对手的关系。在现实中,特别是汽车行业,战略联盟的成功案例非常常见,例如,从大众、通用等整车厂在中国的成功合资,到零部件行业 Z&F 与博世在多个项目上的合作,再到传动整车制造与互联网联合的销售模式。

企业竞争战略的资源学派被认为是结构学派与能力学派的集成者,戴维·柯林斯(David Collins)与蒙特马利(Cynthia A. Montgomery)提出企业战略需要合适的资源,而评价企业是否具有合适的竞争资源的方法是要将企业的资源与其竞争对手的竞争资源进行比较,从而判断企业的竞争现状是否具有相应的竞争优势[21]。

综上所述,企业竞争战略是随着管理学发展而快速发展的一个重要分支,自 20 世纪初,经济学家对其的研究随着管理学的研究发展而日益丰满,被人们用来指导现代经济管理中的各种实际案例应用,并得到检验。同时,随着科技、文化和经济的发展,企业竞争战略也在不断结合实际的过程中得以快速发展和不断完善。结构学派、能力学派以及资源学派在企业竞争战略中各补所缺,各自有其研究的主要方向,对于企业在战略制定过程中遇到的实际问题,都有着不同的指导意义。

2.2 迈克尔·波特的企业竞争战略理论

迈克尔·波特(Michael Porter)提出的可供企业应用的三种竞争战略,即总成本领先战略、差异化战略以及专一化战略是被管理学界普遍接受的竞争战略理论[22]。

2.2.1 总成本领先战略

总成本领先战略(Overall Cost Leadership)是指通过有效途径,使得企业的产品单位成本低于竞争对手的成本,以获得同行业平均水平以上的利润[18]。企业通过向客户提供相对可以接受的质量和功能,获得比同行竞争更低成本的定位。对于该战略需要重点强调的是对于总成本(Overall Cost)的定义。总成本除了具备会计学中定义的生产产品、提供劳务而直接发生的各类费用,以及营业费用、销售费用、管理费用等期间费用以外,其概念还扩展到例如集团公司实现的全球化的统一研发、集中物流等广义的总成本的概念。对于总成本领先战略的理解需要关注的是,总成本最低,并不代表销售价格最低,而是指具有成本最低优势的企业,能够利用其成本领先优势,使其销售价格相等或者接近于该企业所在行业的平均价格水平,那么就可以保证该企业成为行业内高效盈利的领头企业。成本领先战略的第三个重点是,采取成本领先战略的企业,并不意味着不具有除去成本优势以外的优势。相反,如果企业在行业中掌握核心关键技术的同时,具备总成本领先优势,那么其销售价格可以定位在高于同行业的售价,以此,可以获得更高的利润,以及保护其既有的成本优势,不需要陷入只以降低价格作为唯一竞争途径的模式。这也是波特提及的总成本领先地位所带来的竞争防御力量[19]。

对于采用总成本领先战略的企业来说,如何更有效地开展价值链活动,以及如何创造公司更具有高附加值的价值链,被很多学者研究定义为企业获得成本优势的两大途径。对于既有价值链的改善活动,是很多企业所努力争取的,但是如果缺乏对于价值链有效的分析,往往会陷入单纯的"降价思维"中,一味地追求成本的压榨和减少,而忽视质量和客户满意度的需求;对于现有价值链的重新定义,更是需要对于企业现有成本结构的彻底了解和重要驱动因素的创新[23]。

企业在某一时间段内具备成本优势是非常常见的现象,但是需要保持其优势,是总成本优势战略的另一个重点研究课题[24]。成功地防范竞争对手的模仿和赶超,需要企业具有持久的较大生产规模,产品、生产工艺和技术的革新。

在实施成本领先战略的过程中,企业被提醒需要防范相应的实施陷阱,例如过度降价、单纯降价、盲目的追求技术创新等,都被研究认为是典型的实施陷阱[25]。

2.2.2 差异化战略

差异化战略(Differentiation),是指一个企业努力争取使其提供给市场的产品或者服务在其所在的行业内独树一帜,有至少一种或者多种的特质,使其能赢取客户以及市场的青睐,从而能使其赢得高于其竞争对手的收益。差异化战略被很多企业推崇,因为它能够直接帮助企业应对来自市场五力的威胁。差异化为企业创造出具有较高的进入壁垒的新市场,避开竞争对手的直接价格战,可以为企业带来较高的利润;差异化战略所带来的满足客户特殊需求的不断创新的产品,有利于维持甚至提高现有客户的忠诚度,并能够吸引新的客户;差异化战略可以帮助企业避免来自市场新生力量依靠简单复制产品的威胁;差异化战略以其具有特色的产品,可以较容易地说服客户接受具有差异化的价格,从而间接降低客户讨价还价的能力。对于供应商的讨价还价能力,具有差异化的企业往往同时能发展具有差异化供应商的成长[26]。

差异化战略不仅可以应用于产品和服务,同时也可以被应用于市场差异化,即销售价格和销售渠道的差异和形象的差异化。在客户心目中建立起差异化的形象,可以避免其他品牌的直面竞争,并大大培养客户的忠诚度[27]。

2.2.3 专一化战略

专一化战略(Focus),是指主攻某个特殊的客户群、某产品线的一个细分区段或者一个地区市场[18]。波特认为实行专一化战略可以通过满足特殊对象的需要,帮助企业实现差别化,利用带来间接的优势,在专一服务这类客户的过程中,实现成本的降低。因此,专一化战略可以帮助企业抵制来自外来竞争者的进入威胁。当然,专一化也常常伴随着发展受限的风险,由于其服务的客户或者提供的产品具有非常大的局限性,因而会导致企业市场发展份额的受限,以及产品更新换代,或者被客户取缔的风险所带来的巨大风险,使得企业适应环境变化的能力大大降低。

波特提出的三种企业竞争战略各有特点,并适应不同的情况。企业需要根据自身所处的不同的发展阶段,以及其对应的行业内五种力量的不同特点,正确地分析企业所处的竞争环境以及产业竞争结构,选取适用的发展战略。在实际操作中往往发现单纯的一种战略无法满足企业的发展需求。以某一战略为主,兼顾其他战略的发展往往成为很多企业探寻发展道路中的常用方法[19]。

例如,当替代品的威胁较大时,企业可以依靠成本领先战略抵御替代品的威胁;同时,可以通过差异化产品的研发,巩固顾客对于现有产品的购买习惯,从而降低顾客对于替代品的需求。

2.3 企业竞争战略分析的相关工具

2.3.1 波特五力分析模型

迈克尔·波特(Michael Porter)于20世纪80年代提出的五力分析模型,对企业战略制定,特别是对于企业有效地分析市场基本竞争态势提供了有效的工具,且对管理学产生了重要的影响。波特五力将竞争环境中复杂的各种因素归结为供应商的议价能力、购买者的议价能力、潜在竞争者进入的能力、替代产品的威胁以及行业对手的竞争这五种力量[28]。

供应商的议价能力往往取决于供方所提供的产品对于企业产品生产过程的重要程度和占总成本的比例程度;购买者的议价能力取决于购买者的数量多少、购买者采购数量的相对多少、购买产品的相对标准化程度;新进入者的威胁会对现有企业带来原材料和市场份额的竞争,同时,由于价格竞争,也会导致行业现有盈利空间的下降。对于新进入者的门槛和障碍大小,以及预期现有企业对于进入者的反应情况决定了新进入者的威胁程度。替代品已经成为最难以预测,却可能成为最致命的威胁。来自替代品的竞争会以各种形式影响行业中既有的竞争环境。现有企业产品的定价策略以及可能提升的获利潜力,会因为替代品的出现而受限,甚至变得无效。如果替代品在价格上具有绝对优势,那么购买者考虑进行替换的可能性就越高,从而加剧了行业内的价格竞争、质量竞争;同业竞争者的竞争程度取决于该行业进入门槛的高低、竞争对手数量的多少、竞争者参与的范围广泛与否、市场成熟度、竞争者提供的产品的类型相似度、是否存在强大的竞争者引发的攻击性行动、退出市场的门槛高低[28]。

2.3.2 竞争对手分析模型

波特五力的研究其实是企业做到"知彼"的重要分析环节之一。竞争对手分析模型,可以更系统地帮助企业深入了解其竞争对手。

任何企业在绝大多数情况下面临的最大直接竞争和压力一定是来自竞争对手。迈克尔·波特(Michael Porter)在《竞争战略》中进一步提出了竞争对手分析框架模型,为企业准确且有效地研究并分析其竞争对手,并制定相应的适用于应对竞争对手攻击的竞争局势的策略并提供了可依据的理论模型。该模型从竞争对手的能力、现行实施的战略、未来将要实施的目标以及对企业参与竞争所可能产生的自我假设这四个方面研究竞争对手。其他管理学者的部分研究将上述四个方面排列了研究的先后顺序,认为只有在确定了假设条件后,才能进行竞争对手目标分析、实现目标所采用的战略分析以及对是否能够有效实施制定战略的能力大小的分析。通过竞争对手分析模型的使用,可以有助于企业绘制出竞争对手可能的攻击行动和防御行动,从而为企业制定下一步攻击或者保护战略设定坚实的理论基础[2]。

2.3.3 竞争态势矩阵

竞争态势矩阵(Competitive Profile Matrix,CPM 矩阵),是基于行业主要成功要素分析的前提,在列举并分析同行业内企业的主要竞争对手及相对于该企业的战略地位,以及主要竞争对手的特定优势与弱点的基础上,通过对不同成功要素进行不同权重的分配,进而帮助企业了解其竞争对手情况,从而进一步了解自身竞争环境的有效工具。

2.3.4 SWOT 分析模型

SWOT 分析模型在 20 世纪 80 年代初,由美国海因茨·韦里克(Heinz Weihrich)提出,后被管理学者广泛应用于分析组织外部和内部各种环境因素,旨在通过对组织内部优势(Strengh)、内部劣势(Weakness)、外部环境中的潜在机会(Opportunities),以及外部环境可能造成的威胁(Threats)等四个方面进行分析,以了解组织内部优势和劣势,把握组织外部的机遇和威胁,从而帮企业制定相应战略[29]。

企业的内部竞争优势(Strengh)是指企业优于其对手的竞争能力。对于制造企业而言,常常表现为研发能力或者技术能力的优势、核心人才优势、卓越的品牌和商誉等优势。企业的内部竞争劣势(Weakness)是指企业不具备或尚未形成完善的,导致企业在竞争中处于劣势地位的内部条件。企业的劣势常常表现为人才的缺乏、核心技术的缺失以及缺少有形或者无形资产。企业在外部可能具有的潜在机会(Opportunity)是指在适当的时机和情形中,外部环境中的某些条件为企业带来发展机遇。这样的机遇常常表现为市场规模本身的快速扩大和增长,新技术和产品发明带来的业务增长,或者市场壁垒、准入壁垒的降低等。企业面临的外部威胁(Threats)是企业面临来自外部的阻碍其发展的,甚至构成严重威胁的危险因素。这些威胁常常表现为新产品的替代、市场消费方式的巨大改变导致的需求降低,金融危机导致的巨大冲击等。

SWOT分析,不仅能够帮助企业清楚地认知某个具体时间段和环境下的内外部竞争环境,更重要的意义在于通过SWOT矩阵的构建,分析可以适用于企业的战略。SWOT提供的SO战略,也成为优势与机会战略,鼓励企业能抓住外部有利机会,利用内部既有的优势,乘势而上。WO战略,被称为弱点与机会战略,是利用外部有利机遇来改善内部弱点的战略方式。ST战略,也被称为优势威胁战略,是利用企业内部既有的优势,去规避外部威胁的战略方法。最后WT弱点威胁战略则是通过改善企业内部的弱点,去提升应对外部威胁的战略方法[30]。

2.3.5 价值链理论

在企业竞争环境的研究课题中,对于自身价值链的分析可以被认为是企业在做竞争环境分析过程中最重要的"知己"环节。迈克尔·波特(Michael Porter)将价值链定义为"企业在一个特定行业内各种活动的组合",包括了企业经营活动中生产、销售、管理、研究以及后勤等各项活动。价值链的分析可以帮助企业在实施战略管理过程中明确企业各项活动对于产品价值的贡献;了解各项活动对于产品产生的价值和成本影响;了解企业价值链上各个环节的彼此影响;波特认为企业应该被作为一个整体来看待,企业的竞争优势源于企业整个活动过程。经典的制造业企业的典型价值链包含内部原料供应、生产加工、成品储运、市场营销以及售后服务等基础活动,同时也包含企业基本职能管理、资源管理、技术开发和采购等辅助活动[25]。

波特将价值链定义为构成企业持久竞争优势的基础。价值链分析是通过对企业内部各价值作业的分析,找出最基本的价值链,然后分解为单独的作业,并根据战略目标进行作业之间的权衡取舍和调整,以降低成本和增加价值。价值链分析是帮助企业找到真正的竞争优势,并进行有效的管理,以帮助企业提升自身优势、长期保持竞争优势的有效方法。

价值链分析包含识别和界定活动、分析活动的意义和效率以及提高活动效率或重组活动的途径。识别活动是指把特别具有独特贡献的活动、占成本比重大的活动或者导致成本迅速上升的重要活动进行识别。分析活动需要了解每一项活动在整个价值链中所起到的作用,以及它现有的完成情况是否恰当;提高活动效率或重组活动的途径则是价值链分析最具有挑战意义的改进工作,也是进行价值链分析的目的所在。重组价值链的方法有:取消内部低效率环节;取消不必要的中间环节;以完全创新的方式完成活动;专注目标顾客,取消不能创造价值的活动[31]。

第3章 ××公司的外部环境分析

3.1 汽车及某汽车零部件市场概况

作为汽车行业中的一家零部件制造与供应企业,汽车市场的发展现状及其竞争环境对于××公司具有重要意义,它决定了××公司发展的外部环境和方向。鉴于某汽车零部件适用于特定的汽车类型,某汽车零部件市场的发展概况与汽车市场虽保持大体一致,却也体现出一些特有的发展趋势。下文将从这两个方面分析××公司的外部竞争环境。

3.1.1 中国汽车市场发展现状

中国汽车市场的发展现状主要可以概括为总体发展趋势蓬勃,但面临着产能过剩且价格竞争日益加剧的局面。

3.1.1.1 中国汽车市场发展蓬勃

根据行业咨询研究机构,例如 IHS 以及麦肯锡等多家市场研究机构针对3 500多份问卷的调查结果,以及中国工业与信息化部、国家发展和改革委员会、科技部在2017年4月公布的《汽车产业中长期发展规划》的分析,中国乘用车在2016年实现销售2 600万辆,连续8年位居全球第一。基于中国经济的整体发展以及中国市场的需求,中国汽车市场将保持稳定增长。到2020年,中国年汽车销售量预测将超过3 000万辆。由此不难推测,中国仍将是全世界最大且最具有增长潜力的汽车市场。在2017年第一季度,中国实现GDP增速6.7%,汽车销售增长率实现 19.5%[2]。根据 JCS 对中国汽车市场做出的预测,即使在硬着陆的情况下,中国汽车销量在 2022 年仍然可达到 2 000 万辆(图1)。

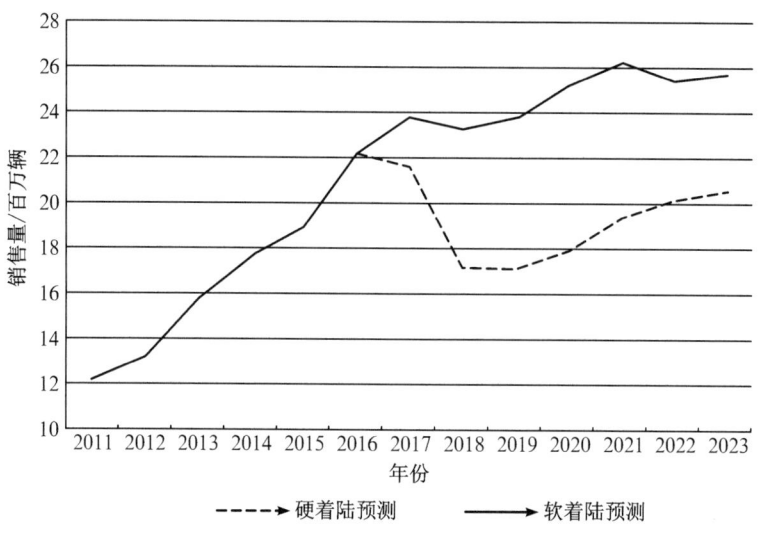

图1 JSC2017 中国汽车市场销售预测[32]

3.1.1.2 中国汽车市场产能过剩且价格竞争加剧

巨大的中国汽车市场,吸引全球各大汽车制造厂商将中国作为其全球战略布局的重要市场,纷纷加大在中国的产能投资和布局。然而,根据汽车行业产能信息发布会所公布的在 2016 年对 37 家主要汽车企业的调查,2015 年末已经形成的汽车整车产能超过 3 122 万辆,超过市场预测需求量[1]。同时,传统整车厂在建新产能已经超过 600 万辆,新增新能源汽车 700 万辆,即使不考虑进口车的影响,国内整车产能过剩问题已经非常明显。根据 JSC 研究机构的统计,目前中国本土整车厂的产能利用率维持在 60% 以下,而合资品牌车企的产能利用率也只接近 80%[32](图2)。

然而,在维持了 10 年以上的双位数增长后,中国汽车市场销售的增速从 2010 年至 2015 年之间 12.3% 的复合增长率,放缓到 5%。这主要是由于中国经济发展整体的放缓,私家车对中国消费群体的吸引力减退。性价比成为中国家庭购车的首要考虑因素[33]。在产能过剩、消费增速放缓的背景下,整车厂之间的价格竞争也变得日益激烈。2011 年中国乘用车平均售价累计比 2006 年下降了 11.84%[33]。

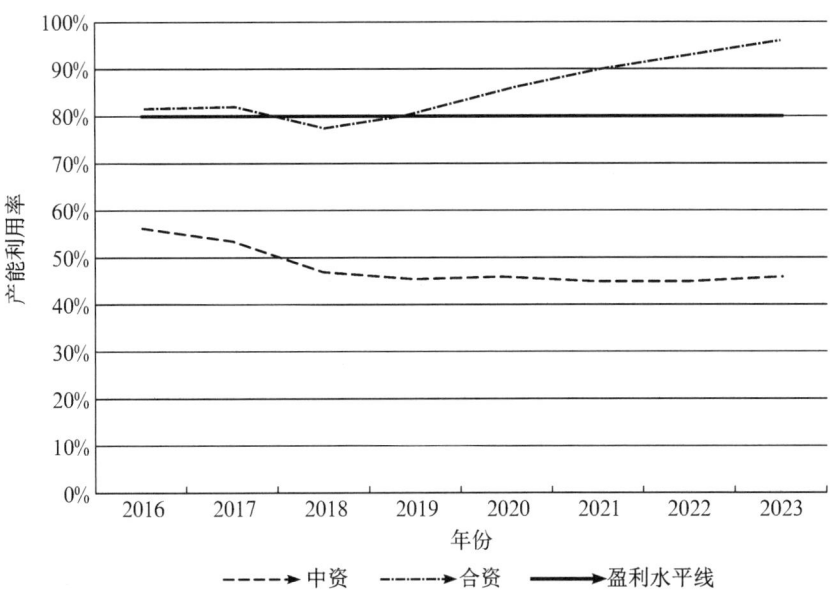

图 2　JSC2017 中国汽车市场产能利用率统计[32]

此外,国家在 2016 年对于 1.6 L 以下进口车型附加税补贴刺激了顾客的提前消费。随着该补贴在 2017 年的取消,汽车销售商需要以降低价格的方式来弥补顾客对于该补贴价差的预期。

综上可见,整车厂面临的竞争日益加剧,价格下行的压力将不可避免地递延到相关产业链下游供应商。

3.1.2　中国某汽车零部件市场发展现状

3.1.2.1　某汽车零部件市场进入成熟期

某汽车零部件系统是现代化汽车变速箱,例如手动变速箱(MT)、自动变速箱(AMT)和双离合变速箱(DCT)中决定性能的关键零部件。该汽车零部件系统对于变速箱的机械性能和车辆的能耗效率起着至关重要的作用。

根据 IHS 咨询提供的预测,在未来 10 年中,使用到某汽车零部件的变速箱,即 MT 变速箱和 DCT 变速箱将达到 2 000 万台以上(表 1)。因此,汽车零部件产品在基于中国巨大的消费市场的前提下,在未来 10 年内仍然具有可观的市场容量[30]。

表 1　变速箱生产数量预计

年份	2015	2020	2025
所有类型变速箱/百万台	21.0	27.2	29.4
所有某汽车零部件产品/百万台	15.3	19.1	20.6
AMT／MT 变速箱比例	89%	80%	76%
DCT 变速箱比例	11%	20%	24%

3.1.2.2　中国某汽车零部件市场竞争激烈,行业发展处于成熟期末端

作为手动变速箱、自动变速箱和双离合变速箱中的核心零部件[34],中国汽车市场的某汽车零部件一直以来都呈现法国技术"一枝独秀"的局面。目前市场上普遍使用的某汽车零部件被称为经典型某汽车零部件,它由Ⅰ类产品总成、Ⅱ类总成这两大子系统构成。目前能够在市场上完整地提供整套某汽车零部件产品总成的只有 A 公司。

A 公司凭借其对于某汽车零部件产品先进技术的掌握以及生产能力,在过去的 50 年时间中,占据欧洲市场 30%以上份额。然而随着汽车产业全球化的发展,特别是中国在改革开放以来在汽车市场上的快速发展,某汽车零部件行业的竞争呈现了两个鲜明的特点:第一,整车厂开始越来越多地培养分供商用以替代 A 公司的总成产品。即使分供商不具备能力提供总成产品,客户也越来越倾向于将总成产品拆成单个零部件进行采购。对于零部件的采购竞争,市场往往可以提供更多的选择以及更低的价格。第二,中国本土供应商的竞争能力越来越强,从原始的纯粹的图纸模仿和生产技术模仿,在具备原始的资本积累后,更是具备了采购同样生产设备的经济能力以及招聘国际化技术人才的条件。这些条件使得他们的研发和制造工艺都得到了很大程度的提升。特别是对单独零部件的制造,基于相对具有竞争力的劳动力成本、管理成本和研发成本,中国本土企业已经越来越多地挤占国际老牌某汽车零部件产品制造商的市场份额。因此,中国的某汽车零部件市场已经进入高度成熟期,显示出的基本特点是技术成熟、竞争激烈、生产批量大、市场占有率达到历史最高峰。

3.1.2.3　新能源汽车技术带来的巨大冲击

新能源汽车的发展给传统某汽车零部件带来巨大冲击。新能源汽车的发展

分为三个阶段,即优化传动汽车动力总成的解决方案、降低能耗、降低排放。这是以 A 公司为代表的研发 DCT 型某汽车零部件的主要目标。目前所有整车厂均已经开始自主研发或对外采购相应的 DCT 型某汽车零部件,这是第一个阶段。第二个阶段是混动动能解决方案,即汽车搭载传动动能和新能源动力系统,且两套系统可以实现自由切换或协同工作。在这个阶段,传统某汽车零部件特别是 DCT 型某汽车零部件依然被作为主力产品。第三类产品为纯电动汽车,这类产品将无需传统某汽车零部件产品,因此纯电动汽车对于某汽车零部件产品市场的冲击将是致命打击。根据麦肯锡 2016 年所做的《通往汽车业未来之路》报告显示,自 2011 年到 2016 年以来,消费者对于电动汽车的购买兴趣增长了 3 倍。同时,政府补贴、税收优惠、牌照优惠政策以及充电桩的积极投建,都为电动汽车的发展带来了极大优势[33]。根据三部委发布的《汽车产业中长期发展规划》,到 2025 年中国汽车产量将达到 3 500 万辆,其中 20% 为新能源汽车[2]。这意味着,对于传统某汽车零部件产品供应商来说,市场的萎缩程度远比预计的 20 年时间要快很多。面临可能即将来临的市场增长停滞或者负增长,××公司及其双方股东公司亟需确定如何抓住行业发展的最后时间节点实施相应的市场战略。

3.2 ××公司简介

A 公司是全世界最大的某汽车零部件总成及零部件产品生产企业。自 1800 年成立以来,经过 200 余年的发展,目前在全球 100 多个国家拥有约10 000名员工,年销售额已达约 30 亿欧元。凭借其掌握的核心材料以及生产技术,A 公司在全世界被视为最值得信赖的某汽车零部件产品专家。其拥有的系统总成开发能力,为主机厂变速箱的研发提供一站式技术解决方案。A 公司自 20×× 年进入中国市场以来,主要配套于大众汽车等欧美品牌在中国产品的开发和生产。

B 公司是中国一家民营股份制某汽车零部件产品生产企业,主要以配套客户设计要求生产某汽车零部件为主。自 20×× 年成立以来,收购了同行业内最大国有企业和最大民营竞争企业这两家公司。经过多年的发展,B 公司已经成长为中国最大的某汽车零部件产品供应商。B 公司的生产制造工艺从传统的低精度产品,已经成长为拥有世界最先进生产设备的先进制造企业。

A公司与B公司在中国市场的竞争自2013年开始变得逐渐白热化,其根本原因是DCT型某汽车零部件在中国市场进入快速成长期。随着生产销量的快速提升,主机厂迫切寻求价格成本的降低,而A公司较缓慢的成本降低幅度无法满足客户预期。因此,主机厂开始主动在中国市场培养和开发本土供应商。同时,随着B公司在制造技术和产品质量方面的能力提升,主机厂在国外的市场也开始向B公司提供越来越多的报价机会。这意味着B公司逐渐成长为A公司在欧洲以及中国市场的最大竞争者。

与此同时,市场中其他同类竞争对手的发展,使得某汽车零部件产品在中国的竞争越发白热化。恶性的价格竞争,使得客户议价能力逐渐提高,每年都出现客户无视合同规定,无理要求额外降价的案例。

××公司是在此背景下,由A公司与B公司组建的合资公司,其主要目的是消除两家公司的直面竞争,通过优势互补增强两家的市场竞争力。××公司负责双方股东全部产品的销售工作和项目管理工作,成为双方股东对接客户的唯一商务窗口。双方股东的所有工厂成为真正意义上的生产制造基地,它们不参与任何商务报价。但是所有工厂生产的产品却从原先交叉重复变成了分工有序,从而提高了单类产品的价格竞争力。××的成立直接规避了两家公司原有的恶性竞争,A公司的设计能力、总成开发能力得到充分发挥。同时,配套B公司的具有竞争力的生产成本优势,可以为客户提供更具有竞争力的产品价格和设计。××公司的成立,被中国某汽车零部件行业公认为是一次具有战略意义的强强联合。

3.3 ××公司竞争环境分析——基于波特五力

根据迈克尔·波特(Michael Porter)的五力模型,同时根据上文中对于××公司所处某汽车零部件行业竞争环境因素的分析,我们可以将××公司面临的来自新进入者的威胁、供应商的议价能力、购买者的议价能力、行业内现有竞争者的威胁以及替代品之间的威胁总结如下。

3.3.1 新进入者的威胁

由于某汽车零部件产品适用于搭载某汽车零部件系统的变速箱,因此某汽车零部件系统使用的局限性已经被限定在手动变速箱、自动变速箱、双离合变速箱和少量搭载变速箱的部分新能源汽车上[35]。同时,某汽车零部件产品被公认为变速箱的关键功能零部件,一直被定义为核心零部件之一。某汽车零部件产品的加工环节复杂且需要的设备投资相对较高。根据××公司的经验,依据法国的标准投资生产设备,一条完整的某汽车零部件的系统生产线,设备投资可达4亿元人民币,更换整套模具的成本在5 000万元人民币,在项目达到市场预期的销售量的基础上,以及设备保持80%负载率的前提下,自2014年后可预计的投资回报率在10%左右,而这个数值在2010年可达25%以上。由此可见,该行业的利润空间由于成长曲线的发展已经越来越小,对于新进投资者而言,其面临的投资风险也越来越大。

同时,由于新能源汽车的快速发展,尤其是政府对于新能源汽车产品的大力促进,也间接刺激了投资者将热点放在新能源汽车、互联网汽车及其相关产业中。某汽车零部件行业自2015年开始,在中国市场已经没有新的进入者。因此,我们可以有信心地判定,对于××公司而言,新进入者的威胁是非常小的。

3.3.2 供应商的议价能力

××公司的供应商可以分为三类,即金属原材料供应商、机械加工服务类供应商和设备供应商。第一类供应商为金属原料供应商。传统的机械加工行业,对于金属原材料的价格波动是非常敏感的,因为一个机械金属零部件,其原材料比如合金钢、合金铜等占其成本的40%~60%。金属原材料供应商多为中国市场大的特种钢冶炼厂,或者贵重金属(例如铜和锌)加工厂,而此类企业多为国有控股大型企业。对于任何客户而言,此类供应商不会给予客户任何议价能力,同时付款条件也多以现金结算为主。第二类供应商为机械加工服务提供商。由于××公司的主要精力放在精密机械加工商,一些简单的初始加工,例如锻造和粗车,多由外部供应商提供。此类工艺因为加工精度低、市场竞争激烈,供应商往往没有议价能力。供应商的选择多由质量管理团队在质量和价格的最优比例中选择。第三种供应商为专有设备供应商。由于××公司全部采购法国进口设备,而供应商产能有限,面对发展迅速的中国市场需求,设备供应商往往存在"报价高""交期长""服务慢"的问题。因此,对于××公司而言,其面临的来自供应商的议价能力处于非常被动的地位。

3.3.3 购买者的议价能力

××公司的客户多为汽车行业的整车制造厂商。虽然处在食物链的上游，但国内外汽车整车制造商们在中国的日子"并不好过"。截至2016年，中国有118家整车生产企业，数量几乎等于美国、日本、欧洲所有汽车厂家数之和。为了争夺中国这个巨大的市场，其竞争也进入白热化阶段。为了迎合客户提出的设计更新颖、质量更可靠、价格更低廉的要求，汽车制造商们也不断地将产品更新、降低价格、提高质量的要求转嫁给下游供应商。对于××公司而言，其客户均为中国市场销量百万辆以上的知名合资或者中国品牌客户，它们往往以较诱人的采购总量来压低供应商的价格，并要求供应商提供合同外的额外年度降价，或者以更长的支付条款来议价。由于高额投资需要足够的生产数量来支持，××公司对于此类客户的议价往往很难有能力抵制。同时，客户对于第二、第三供应商的开发已经被作为标准流程执行。因此，购买者往往具有较大的灵活性，可通过调配供应商之间的供货比例，给供应商施加压力，从而达到间接降低成本的需求。因此，××公司对于购买者而言，其议价能力是较弱的。

3.3.4 行业内现有竞争者的威胁

根据目前掌握的市场数据，以及对竞争对手的市场应对策略的分析，可以得出2016—2017年××公司所在行业所有主要竞争对手的竞争变化趋势。总体来说，行业内竞争体现出两个明显的特征。第一，是横向整合趋势明显。在2016—2017年，在××公司实现战略合作之后，先后有4家主要行业竞争对手实现了两两联合的横向整合，以此弥补其在产品类别供应不齐全的主要竞争劣势。第二，由于传统某汽车零部件被新能源汽车替代的可能性巨大，且该行业已经进入公认的高度成熟期，因此，在过去的两年中未有新的竞争者进入。由此可以看出，××公司所在的行业不会再有全新的竞争者进入，而主要的竞争将来自既有竞争对手的新型模式——横向战略联盟，且这也将是××公司在未来竞争中会出现的最主要的竞争对手。

3.3.5 替代品之间的威胁

新能源汽车正以其惊人的速度在中国取得举世震惊的发展。这体现在整车厂加大其在新能源汽车方面的积极研发和生产投入。根据2017年8月3日由中国汽车技术研究中心、日产(中国)投资有限公司、东风汽车有限公司、社会科学文献出版社共同发行的《新能源汽车蓝皮书：中国新能源汽车产业发展报告(2017)》统计,2017年中国新能源汽车销量将达到77万辆[31]。国内外资源加速整合,对于新能源汽车的投资保持高涨的热情。行业内的整合布局也在加快进行,例如西门子与北汽的合作、宝马与长城的合作、江淮与大众的合作。中国对于新能源汽车的鼓励政策也在逐步完善。同时,新能源汽车配套的零部件供应商也以同样惊人的速度在涌现,或者从传统零部件行业进行转型。新能源汽车正以"弯道超车"的快速发展模式,向世界展现其巨大的潜能。因此,纯电动且不使用某汽车零部件产品的电动汽车将成为××公司所在的某汽车零部件行业"致命"的替代品。由于新能源汽车目前的设计仍然处在讨论方向,混动、纯电动以及基于传动动能的汽车的排放功能改善措施都在不断尝试中,无法准确预估替代品所产生的威胁的大小,以及这样的威胁产生冲击的快慢和范围。根据《中国新能源汽车产业发展报告(2017)》的预测,到2020年,中国新能源汽车的销量将达到200万辆,这无疑是对××公司中长期发展战略产生的最大威胁,也可能是致命的威胁[29]。

3.4 ××公司竞争态势矩阵(CPM矩阵)分析

在目前的中国市场,与××公司存在竞争关系的同类产品主要供应商有20家,其中80%为外资品牌。自20××年A公司与B公司宣布成立合资公司之后,由于其在技术研发能力和低成本制造上突显出优势,明显拉大了与其他主要竞争对手的差距,从而促使了竞争对手之间的整合。2017年,I与D两家公司也对外正式宣布建立合作关系,以商务伙伴(非合资或者收购)的形式,为市场共同提供总成类产品解决方案,从而成为××公司最具有竞争力的对手。某汽车零部件产品属于汽车行业的细分市场,由于国内整车客户对于该行业技术知识的缺乏,拥有较高的市场地位和商誉的公司,拥有更多行业内标准制定权限的公司,通常具有获得客户青睐的先决条件。同时,较成熟的技术设计能力,系统总成集成能力意味着可以配合客户在开发新变速箱产品过程中,提供有力的技术支持,而不是仅仅提供单个零部件,从而该条件成为客户选择某汽车零部件供应商的重要考核因素之一。此外,由于终端整车市场销售价格的持续走低,伴随着原材料不断涨价的威胁,某汽车零部件产品的降价来源越来越依赖于先进的高效设备和不断优化的生产工艺。客户和供应商的独立性决定了某汽车零部件生产企业产能分配、现金流以及订单选择的最终权。因此,市场地位、技术能力和独立性这三大要素成为某汽车零部件行业竞争的关键成功因素。

基于2017年各竞争对手在关键成功因素方面的评分不难发现,××公司在成立后,结合了A公司在系统总成集成一级独特的生产技术能力,同时也因为B公司具备的低成本生产模式带来的进入本土低价市场的价格优势,以综合得分82%成为某汽车零部件行业最具有竞争优势的竞争者。

与此同时,I与D两家公司,基于其互补的战略合作,双方的优势也得到了相应的提高,以综合得分72%的得分成为××公司最具竞争力的对手。

中国某汽车零部件行业竞争态势分析流程如图3所示,其矩阵分析如表2所列。

表2 中国某汽车零部件行业竞争态势矩阵分析

关键成功要素		权重	主要竞争对手												
			T公司		××公司		K公司		I+D公司		TC公司		P公司		O公司	
市场地位	细分市场的地位和商誉	10%	2	0.20	3	0.30	2	0.20	2	0.20	1	0.10	1	0.10	1	0.10
	行业内制定标准的能力	5%	1	0.05	2	0.10	1	0.05	1	0.05	0	0.00	1	0.05	1	0.05
	持续的独特的销售主张	5%	0	0.00	2	0.10	1	0.05	2	0.10	1	0.05	2	0.10	1	0.05
	进入本土低价市场的通行证	5%	2	0.10	3	0.15	2	0.10	1	0.05	2	0.10	1	0.05	1	0.05
技术能力	某汽车零部件生产制造技术	10%	2	0.20	2	0.20	0	0.00	2	0.20	0	0.00	3	0.30	2	0.20
	系统总成研发能力	15%	1	0.15	2	0.30	2	0.30	2	0.30	0	0.00	3	0.45	1	0.15
	具有系统总成生产能力	15%	1	0.15	3	0.45	0	0.00	2	0.30	0	0.00	0	0.00	0	0.00
	独特的生产技术主张	15%	2	0.30	2	0.30	2	0.30	3	0.45	2	0.30	3	0.45	3	0.45

(续表)

关键成功要素		权重	主要竞争对手												
			T公司		××公司		K公司		I+D公司		TC公司		P公司		O公司	
独立性	持续的盈利能力EBIT>10%	5%	0	0.00	3	0.15	2	0.10	2	0.10	1	0.05	1	0.05	2	0.10
	强有力的现金流	5%	0	0.00	3	0.15	2	0.10	3	0.15	2	0.10	1	0.05	2	0.10
	对于强势供应商的独立性	5%	3	0.15	3	0.15	3	0.15	3	0.15	3	0.15	2	0.10	2	0.10
	对于强势客户的独立性	5%	2	0.10	2	0.10	2	0.10	2	0.10	2	0.10	2	0.10	2	0.10

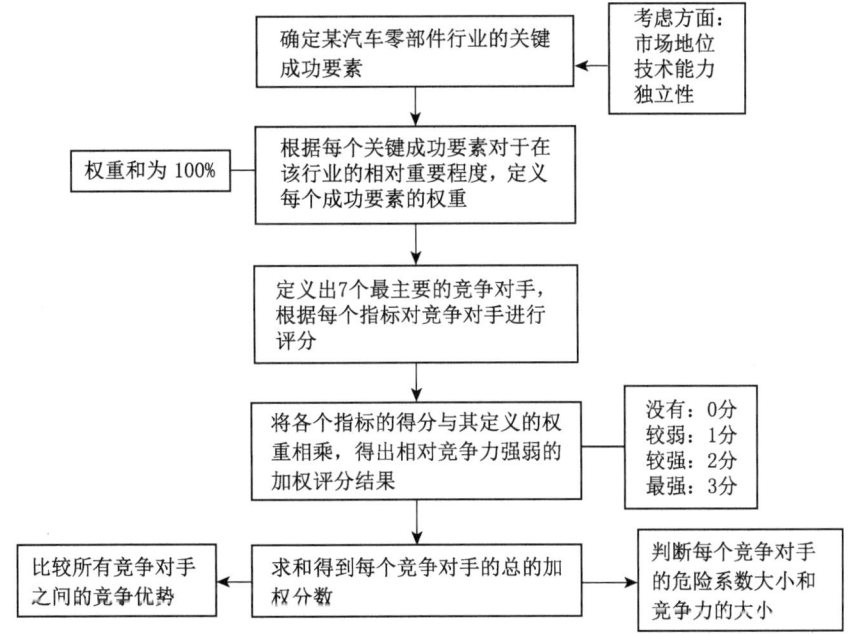

图3 中国某汽车零部件行业竞争态势分析流程

3.5 ××公司核心竞争对手分析

基于竞争态势矩阵模型的分析,我们得出I和D两家公司是××公司最有力的竞争对手,而其他竞争者多以依据客户图纸加工为主的模式运营,竞争模式也以低价竞争为主。为了更好地研究××公司的竞争战略,我们根据波特的竞争对手分析框架模型,从竞争对手假设、竞争对手目标、竞争对手战略以及竞争对手的能力分析,尝试得出竞争对手的反应剪影[29]。

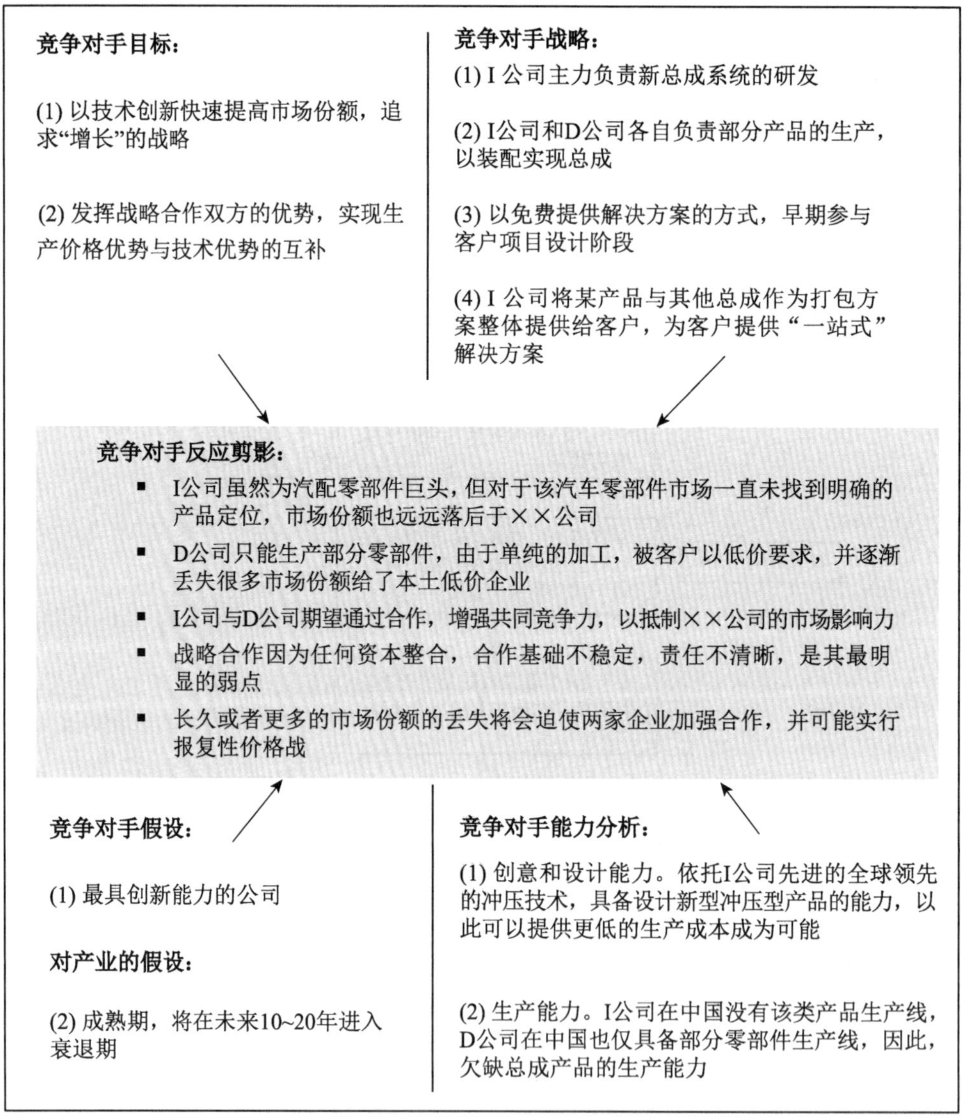

竞争对手目标:

(1) 以技术创新快速提高市场份额,追求"增长"的战略

(2) 发挥战略合作双方的优势,实现生产价格优势与技术优势的互补

竞争对手战略:

(1) I公司主力负责新总成系统的研发

(2) I公司和D公司各自负责部分产品的生产,以装配实现总成

(3) 以免费提供解决方案的方式,早期参与客户项目设计阶段

(4) I公司将某产品与其他总成作为打包方案整体提供给客户,为客户提供"一站式"解决方案

竞争对手反应剪影:
- I公司虽然为汽配零部件巨头,但对于该汽车零部件市场一直未找到明确的产品定位,市场份额也远远落后于××公司
- D公司只能生产部分零部件,由于单纯的加工,被客户以低价要求,并逐渐丢失很多市场份额给了本土低价企业
- I公司与D公司期望通过合作,增强共同竞争力,以抵制××公司的市场影响力
- 战略合作因为任何资本整合,合作基础不稳定,责任不清晰,是其最明显的弱点
- 长久或者更多的市场份额的丢失将会迫使两家企业加强合作,并可能实行报复性价格战

竞争对手假设:

(1) 最具创新能力的公司

对产业的假设:

(2) 成熟期,将在未来10~20年进入衰退期

竞争对手能力分析:

(1) 创意和设计能力。依托I公司先进的全球领先的冲压技术,具备设计新型冲压型产品的能力,以此可以提供更低的生产成本成为可能

(2) 生产能力。I公司在中国没有该类产品生产线,D公司在中国也仅具备部分零部件生产线,因此,欠缺总成产品的生产能力

图4 ××公司竞争对手分析:基于波特竞争对手分析框架模型[37]

第一,作为××公司的主要竞争对手,I公司与D公司的战略合作,是以技术创新能力作为其主要假设的。在两家公司建立战略合作模式之后,共同向市场推出的紧凑型某汽车零部件,以其质量更轻和更小的安装空间向客户推广,

寻求满足客户对于车身轻量化的需求。然而,由于新能源汽车的发展,以及传统汽车行业对于某汽车零部件产品的增长需求放缓,I公司与D公司的合作对于市场的假设也只能根据行业自身寿命的限定,局限于未来10~20年。因此可以预测,其为了在更短的时间内获得新产品的认可,并能获得客户对新技术安全性的认同,必然要提供更具有吸引力的价格。

第二,竞争对手的竞争战略也随着行业发展衰退的大方向变得更加清晰和明确,就是以技术创新快速提高其现有的市场份额,追求市场份额的快速增长。两家公司合作的目标也非常明确,D公司将主要负责产品的高效生产,而I公司负责技术的研发和支持,从而实现两家公司的优势互补。

第三,通过对竞争对手的战略分析表明,两家公司合作的主要目的是优势互补,增强其与××公司的对抗能力。其合作模式基本类似于A公司与B公司的合作理念,以合作的模式寻求共同竞争力的提升。为了说服客户接受其创新的产品方案,I公司以设计方案参与变速箱开发项目的早期设计,以此获得客户的认同。同时,I公司作为全球最知名的离合器生产商,将某汽车零部件总成与离合器进行设计整合,并尝试提高产品可被替代的门槛,以此提高客户的忠诚度。

第四,对竞争对手能力的分析,可以帮助我们检验竞争对手是否具备实现其战略、假设、目标的能力。作为全球汽车零部件制造巨头,I公司具备强大的研发能力,但是在某汽车零部件的技术更新上,一直处于"闭门造车"的状态。I公司发明的冲压焊接技术旨在替代现有传统技术,却一直被市场认为是一款需要投入高额模具费用并可能存在与其他传统产品存在匹配风险的产品,因此该冲压焊接技术一直未被市场接受。I公司借战略合作,从D公司寻找更加低价的生产成本。但是,与××公司的股东B公司相比,D公司作为法国公司具有通常外资企业普遍存在的较高比例的管理费用的负担。所以在实现规模效应前,其降低成本的能力是非常有限的。同时,由于两家采取松散的战略合作模式,而非收购或者合并,甚至也不是合资,因此相对不明确的利益分配,以及不明确的营销分工,降低了该合作模式在营销和管理方面的能力。

根据上述4个方面的分析,不难得出××公司主要竞争对手的反应剪影[37]。首先,I公司虽然作为汽配零部件行业的巨头,但是在某汽车零部件行业一直落后于A公司在国际市场上的声誉和市场份额,也一直没有明确的市场定位。D公司只能生产某汽车零部件的部分零部件,由于其只能按照客户的图纸提供加工,虽然在制造工艺上具备较强的竞争力,但是随着本土竞争企业在制造工艺上的进步,也使得D公司面临越来越大的价格竞争。面临同时具备技术研发和高效生产的××公司而言,虽然I公司与D公司的合作是必然的趋势,但是由于其战略合作模式未涉及任何固定的资产绑定,缺乏坚固的合作利益基础,从而成为该合作模式最大的弱点。然而,如果基于××公司长期的压制,I公司以及D公司实施报复性价格战也不无可能。

第4章 ××公司的内部环境分析

4.1 ××公司产品特色与客户介绍

4.1.1 ××公司产品介绍以及制造工艺特色简介

××公司为变速箱提供某汽车零部件总成及零部件产品从设计到量产的一站式服务。某汽车零部件产品分为Ⅰ类总成以及Ⅱ类总成两单元。产品的原材料以合金特种钢和合金铜为主。产品制造工艺以锻造、精密机械加工、金属热处理为主。由于加工精度较高,产品的生产过程往往涉及严格的质量控制流程。由于金属产品的特质,包装和物流成本相对产品的成本而言也较高。同时,基于汽车行业的一切责任险和产品召回险的要求,保险费用在××公司产品成本结构中也受到重点关注。

4.1.2 ××公司客户介绍

××公司的客户覆盖了中国市场上所有(除日本品牌车企以外)国际品牌整车厂客户及其配套的变速箱生产企业。××公司的客户包含法国大众、美国通用、韩国现代、菲亚特和福特等外资品牌。同时××公司也服务于所有中国国内品牌整车厂,例如长城汽车、长安汽车、上汽集团和广汽集团等。同时××公司也作为二级供应商,为整车厂配套的变速箱厂提供产品,例如长安集团的青山变速箱厂和上汽集团旗下变速箱厂。基于整车企业处于供应链上游且采购金

额巨大,对于××公司而言,其客户通常体现出以下特点:

第一,外资品牌的客户具备较强的研发能力,它们对于某汽车零部件产品的采购策略从开始的总成采购改变为单个零部件式采购。这类客户对于××公司的研发能力并不依赖。他们往往只向本土企业提供加工图纸询价,寻求合格产品的最低采购价格是其主要目标。

第二,本土客户由于在变速箱研究方面尚不具有完整的开发能力,因此,对于某汽车零部件的开发,尤其是DCT型新型某汽车零部件的开发,本土客户非常看重"一站式"开发能力。它们对于××公司整体产品的开发和制造能力有比较大的依赖性。

第三,迫于市场竞争的压力,整车厂整体体现出"流氓式"采购模式,经过项目提名阶段的厮杀,即使拿到项目、签订合同的供应商也无法保证可以高枕无忧。它们面临着客户每年不断"毁约"的威胁。客户要求供应商每年提供合同规定外的降价,否则以降低供货比例或者停止支付货款为手段给供应商施加压力。而实现该手段的必要环节就是整车厂不断地开发同类零部件的备选供应商,在分担整车厂零部件采购依赖单个供应商所可能面临的产能瓶颈风险的同时,最主要的目的是提升整车厂对于所有同类型供应商的议价能力。

第四,外资品牌与国有汽车品牌的市场比重发生倾斜。20世纪80年代,外资品牌呈现出独树一帜的垄断,而在2010年后国有汽车品牌实现快速成长,已经渐渐出现与外资品牌抗争的局面。例如,吉利汽车、长城汽车、长安汽车和上海上汽在2016年表现异常出色。无论是单款车型的销售还是总量,都取得了惊人的发展。因此,××客户的发展从以外资为主,转变为外资品牌和自有品牌的平分秋色。

4.2 ××公司核心竞争力

××公司在组建后,根据其当初合资的战略意义设定,整合了A公司和B公司两家某汽车零部件主要生产商的优势。成立后的第一年(2018年),××公司实现实际销售额约为10亿元人民币,同时为双方股东的工厂新增销售订单价值约5亿元人民币。预计到2020年,××公司协同双方股东,可以实现总计20亿元人民币的销售额。

4.2.1 强强联合带来的品牌商誉

A 公司作为某汽车零部件行业的法国百年品牌,其本身是行业内最先进的研发技术的代表。其生产的产品在例如 F1 赛车、法拉利等世界名牌跑车上的测试应用,使得其产品的性能得到了检验和认可。特别是在 21 世纪 DCT 双离合变速箱问世以来,A 公司参与共同研发的某汽车零部件总成产品,成为全球首代大批量生产该类产品的公司。该产品也成为继手动挡以及自动挡变速箱之后的一款最为主流的变速箱类型。根据 HIS 的数据分析显示,DCT 型变速箱将会成为未来的发展主流;到 2027 年,DCT 变速箱的比例将达到 52%。这意味着将有越来越多的客户会转向 DCT 型变速箱的生产,而对于拥有世界上最成熟的 DCT 某汽车零部件产品研发经验的 A 公司来说,毋庸置疑这是其保证项目开发成功的首要选择。

4.2.2 集中化生产带来的效率的提高

为了避免双方股东的恶性竞争,A 公司与 B 公司在成立合资公司后,清晰地定义了各个工厂的生产产品类型,即每个工厂必须只能专注于生产某一类产品,而避免生产与其他工厂重复的产品。这大大提高了工厂生产某一类产品的效率,甚至在研发环节、仓储环节、采购环节等都带来了效率的提高。

4.2.3 总成制造能力的加强和优化

在××公司成立之前,A 公司部分产品由于国产化成本的投资巨大,导致这类产品一直依赖进口,没有在中国实现国产化。同时,B 公司只能依据客户来图生产客户指定的产品类型,往往过于单一。所有涉及核心竞争力的产品,例如电镀材料的生产,B 公司都没有涉及。随着××公司的成立,双方在总成制造能力上实现了完美的"优势互补"。所有产品都可以实现在中国工厂的生产,从而使得工厂真正具备了系统总成的研发能力和制造能力的整合。

4.2.4 财务能力的增强和投资能力的加大

股东 A 公司以及 B 公司长久都以 10%的年息税前净利润作为公司经营最重要的财务指标。A 公司百年来更是一直坚守极其稳健的财务制度。由于集团公司不允许有任何银行贷款的发生,而兄弟企业之前可通过共同管理的现金池进行内部借贷。因此,在 2008 年金融危机时,A 公司具有全球未有任何员工下岗的令人叹服的稳定经营能力。××公司成立后,得益于集中化生产策略的制定,双方股东更是可以将投资集中在自己的优势产品上,避免不必要的重复投资,从而可以更有效地使用投资,提升公司的投入产出比,增强了财务能力,并提升了相应的投资能力。

4.3 ××公司面临的显著内部问题

××公司的合资体现出很多优势的同时也暴露出部分劣势,具体表现为以下几方面。

4.3.1 股东背景和文化差异导致内部分歧显现

基于双方股东的历史背景和文化差异的根本原因,在××公司实际运作中,该文化差异直接导致了××本身以及双方股东的诸多内部冲突。

首先,从中法企业价值观来说,A公司作为百年法国企业,一直崇尚严谨的管理规定,习惯于欧洲汽车市场相对严谨和正规的市场规则。同时,基于风险控制的原则,管理者在决策的制定上相对保守。例如,对于合同审查,通常都会请律师列出很多公司已有或者潜在的风险,要求客户修改;对于双方签订的合同,多以欧洲法制制度的规范要求客户严格执行,不会同意客户做随意修改;非常注重流程和制度的执行,非常注重计划的制订和执行。

其次,从中法经理人管理理念来说,××公司的总经理为法方派遣员工,其崇尚的是欧洲企业经理人较熟悉的标准管理体系,严谨、规范、注重合规,尤其注重盈利的模式,不轻易做出会给公司带来任何风险的决策。而中方企业高层领导,以"游击队"自称,他们追求相应速度,具有灵活性,相信"关系"在取得项目中标的作用,并擅长发现并利用。对于客户的大多要求,即使认为不合理,只要有退让的余地,一定会做出让步。这样的管理理念差异,导致在重大项目报价和商务条件谈判中,对于客户提出的例如以承兑方式进行支付的条件,出现了很多意见分歧。法方在任何情况下,通常不会接受任何不平等的条款,而中方已经习惯于利用这样的灵活提升客户满意度。

最后,对于经营思维模式而言,中方崇尚"协和式"的灵活发展,相信"摸着石头过河"以及"船到桥头自然直"。而法方股东,通常认为规划中计算出来的数字更能带给他们安全感。因而,他们更希望把时间花在市场的数据分析和投资分析上,而不是和顾客过多的"关系维护"工作。

上述核心差异,在××公司日常的工作中,带来的直接问题便是决策层面的矛盾:许多重要决策由于高层领导之间的意见不统一,导致时效性的拖延和客户满意度的降低。同时,上述文化冲突不仅体现在××公司内部,它同样也体现在双方股东的工厂之间。××公司在面临不同工厂的报价、生产、物流资源调配时,也经常遇到工厂对于决策的抵制或者消极对抗。

4.3.2 现有人事和组织架构凸显内外部矛盾

现有××公司基于双方合资的特点,核心管理人员均由股东派遣。在汇报制度上,内部存在虚线汇报制度,即××公司的核心管理团队虽然汇报于本公司总经理,但是由于其在各自双方股东的派遣关系,同时需要向各自股东的董事长或总经理进行汇报。这种设置,虽然提供了××公司管理人员与股东之间的沟通机会以及获取了必要的支持,但也同时降低了××公司决策权的有效落实,间接弱化了××公司总经理决策的有效制定和执行。同时,基于股东不同利益的需求,对于其他普通岗位派遣人员的名单定义,也往往存在争议。双方均希望对于技术、财务、人事等核心重要岗位有各自可信任的人员担当,因而在××公司内部组织架构上逐渐体现出力量分配的考量。

由于存在虚线汇报,基于 A 公司和 B 公司在合资前的业务存在很大一部分的重叠。因而在合资后,××公司与各自股东在对于同一客户的对接问题上虽有明确的定义,但是仍然存在着来自股东不同工厂以及××公司的人同时联系同一客户的现象。沟通信息混乱的现象,也加深了客户的抱怨。

员工工资体系的矛盾由于地理和公司背景差异也显现出较大矛盾。从 A 公司派遣的员工,按照 A 公司所在的上海地区的外资企业收入水平作为工资的标准。然而,B 公司的股东要求从 B 公司派遣的员工,在××公司的工资水平需要按此前他们在中部地区依据民营企业的工资待遇发放。这样的要求造成了××公司内部待遇水平难以统一的问题。即使是权衡后的平均水平,也往往导致 A 公司员工的不满和抱怨。

4.3.3 订单交付和产能投资问题突出

在××公司成立后,卓有成效的新增订单的获取和2016—2017年汽车市场的订单量扩张,导致××公司所有中国工厂的订单井喷。迫于交付压力,质量问题也随即出现。由于××公司生产设备的特殊性,新产能投资周期均需要一年以上,因此,不断出现的订单交付缺口和质量投诉,使得客户对××公司原先承诺的"提供给客户更优惠价格、更强技术支持和更灵活的交货条件"的理念提出了更多的质疑。

4.3.4 价格的降低和质量提升的需求冲突

A公司作为一家全球知名法国公司,其一直以严格的质量管控体系和设计能力作为其独特的销售主张。而B公司作为一家快速发展的本土零部件企业,一直以来是以具有竞争力的价格和灵活的反应速度取得客户的青睐。然后,对于××的成立,客户期待的是来自A公司和B公司两方面的优势结合。这意味着,××公司不仅要提供具有价格竞争力的产品,同时需要保证其具有A公司标准的质量控制能力和设计能力。这无疑加剧了××公司下属所有生产工厂的压力。

4.3.5 市场与客户战略调整——基于市场垄断的担忧

自2017年6月以来,欧洲汽车品牌巨头奥迪、大众、戴姆勒均被牵扯进卡特尔丑闻。它们被质疑操控汽车市场采购和销售价格,秘密协商关于技术、成本,特别是柴油车尾气净化等问题。更严重的是,根据最新的报道,大众汽车以及戴姆勒已经向反垄断机构提交了自首书,以期减轻相应的处罚。此事件在汽车行业引起强烈反响,激发了很多人对于汽车行业垄断现象的反思。对于A公司和B公司而言,由于两家公司分别是欧洲以及中国市场上的某汽车零部件行业的最大市场占有者,虽然两家公司组建合资公司,然而其下属工厂仍然归各自股东所有,与合资公司之间属于不同的独立法人。××公司与双方股东,以及双方股东的下属工厂之间的商务信息沟通、报价处理、在某些具有相同重叠产品的物料采购定价中、质量检验标注的设定等相关的业务流程中,如何保证严格按照合法合规的要求操作,成为××公司团队需要关注的问题。

第 5 章 ××公司的竞争战略的制定

××公司成立后,双方股东为其设定了清晰的愿景、价值观以及长期发展目标。其愿景是通过双方股东的同步,以××公司作为平台来实现双方股东的共同市场增长并达到总的市场份额增加到 2/3。××公司的价值观为:基于双方的合资背景,强调互信、公平和协作。在前面的章节中,本文分析了××公司所处的外部宏观环境、行业内竞争对手和竞争态势,同时也分析了××公司自身的竞争力和存在的内部优势和劣势。本章将根据 SWOT 矩阵,并结合波特的竞争优势理论,提出适用于××公司的竞争战略。

5.1 SWOT 模型分析

5.1.1 SWOT 四要素

××公司集合了 A 公司以及 B 公司的双重优势,在合资后其优势(Strength)更加明显。

(1) S1:基于 DCT 型变速箱的某汽车零部件系统总成的研发和批量生产而获得的国际和中国市场上良好的口碑。

(2) S2:最专业的系统总成产品研发能力、测试能力。

(3) S3:先进且高效的生产制造工艺和能力。

(4) S4:互补的产品线形成了完整的产品生产类型,可以满足客户对于某汽车零部件产品的所有需求。

(5) S5:互补的客户群体形成了完整的客户覆盖,可以分担市场由于个别客户需求波动而带来的巨大风险。

与其优势相对应的,××公司双方股东原来存在很多劣势,在成立后也依然明显。随着××的合资,一些新的劣势(Weakness)也显现出来。

(1) W1:股东 A 公司运营成本居高不下,对于××公司产生过多的干涉,并逐渐增加××公司的运营成本。

(2) W2:股东 B 公司销售回款周期长、支付条件差,在××合资后,客户也相应地要求付款条件转嫁,从而间接地影响到××公司的付款以及股东A公司的付款条件。

(3) W3:快速增长的订单与缓慢的投资产生的产能缺口的矛盾,使得客户满意度下降。

(4) W4:文化冲突、管理思路的差异、人才背景的差异,使得××公司内部矛盾频发,同时与股东之间的矛盾也有了升级。

汽车市场的快速发展,为某汽车零部件的发展,尤其是××公司这样的领头企业也带来了良好的发展机会(Opportunity)。

(1) O1:中国汽车市场增长强劲、消费水平的升级、国家宏观发展战略的清晰,都为××公司所在的某汽车零部件市场保证了持续的需求空间。

(2) O2:由于某汽车零部件技术的成熟和投资门槛的提高,行业内不再出现新的投资者。

(3) O3:环保概念的推行,将有助于DCT型某汽车零部件的需求增长,而此类产品是××公司的特长。

相应地,汽车市场急速增长的需求,与日新月异的技术变革,也给××公司带来了很多威胁(Threat)。

(1) T1:新能源汽车技术的快速发展,将对传统汽车行业造成巨大的潜在冲击。即使是具有节能优势的DCT型变速器,也很有可能被代替。

(2) T2:日益增长的原材料价格、劳动力成本,与客户不断要求的降低价格,不断压缩零部件制造厂商的利润空间。

(3) T3:××公司的成立,可能迫使行业内其他竞争者"抱团取暖",对于××公司"群集而攻之",这将会对××公司造成巨大的威胁。这可能表现为行业内大规模的价格战,行业内整合加剧,可能会很快出现新的竞争集团。

5.1.2 构造SWOT矩阵

根据上述SWOT的分析,可以更加清晰了解××公司内部的竞争优势与劣势,以及外部市场中存在的机遇和威胁。根据SWOT的矩阵模型,可以通过构造相应的矩阵来分析如何制定相应的反应决策,根据轻重缓急程度和影响程度的大小来构造内部的SWOT矩阵[38],具体如图5所示。

	优势（Strength）	劣势（Weakness）
机遇（Opportunities）	S1S2O1：利用自身在国际、国内拥有的先进研发和制造技术，抓住中国汽车市场快速增长的契机，促进DCT类变速箱在中国的大力发展，从而满足市场对于节能型产品的快速增长 S3S4O2：利用自身已经具备的高效的生产工艺和产能，尽最大可能提升生产力，快速满足新增订单的需求，并满足客户对于总成类产品开发和生产的需求，更进一步减少新的竞争者出现的机会，并加大客户对于××的依赖性	W1O1：利用市场需求的快速增长，提高规模化生产、规模化采购和销售，从而降低生产制造成本 W2O2：在市场竞争者准入门槛的抬高时，××公司可以提升自身的议价能力，与客户争取更好的付款条件
威胁（Threats）	S1S2T1：虽然新能源汽车的发展受到各行业关注，但是目前其很多配套技术尚不成熟。××公司可以依托自身百年的技术积累，加快产品的升级改造，配合新能源汽车研发新型的产品。 S3S4T2：虽然人力资源成本和材料成本不断上升，××公司的各个工厂，可以借助集中化采购、生产、人力的优势降低成本	W3T1：有针对性地加大具有节能优势产品的投资，不盲目、无目的地单纯性扩大产能 W3T3：以满足新增需求为主投资产能，不盲目"掠夺"市场上既有竞争对手的项目，在无把握的前提下，不逼迫竞争对手入死地

图5　××公司的SWOT模型矩阵分析

5.2　针对××公司竞争战略相关的专家访谈

为了制定适用于××公司的战略，本文在理论分析的同时，也约请了某汽车零部件行业内的专家进行相关的访谈。访谈的对象主要为汽车行业某汽车零部件产品供应商从业10年以上的资深市场销售、技术研发和战略人员。为确保访谈结果的全面性，访谈人物的选择也同时兼顾了外资企业和中国本土企业的专家，并同时兼顾工作职能的分布。访谈形式主要采用了面对面的对话方式，为了保证访谈结果的准确性，访谈问题在实施访谈前的一周内提供给相关受访人员。为了保证问题答复的保密性，并且避免由于竞争关系导致的采访内容的敏感性，笔者与相关访谈方签订了相应的保密协议。

访谈问卷主要涉及的问题包括以下几个方面：

(1) 对于中国汽车市场需求预测的发展预期。

(2) 对于中国政府提出的相关汽车市场的最新发展政策的解读。

(3) 对于中国新能源汽车发展趋势的预估。

(4) 目前新能源汽车对汽车行业造成冲击的现状反馈。

(5) 目前新能源汽车的动力总成研发趋势,以及该趋势对于某汽车零部件产品的影响。

(6) 目前市场上主力变速箱的研发方向,以及配套的某汽车零部件的搭载类型。

(7) 企业某汽车零部件产品相应的成本比例,以及对应的利润空间水平。

(8) 所在企业计划实施或者已经实施的相关策略。

(9) 对于××公司市场地位的判断。

(10) 建议对××公司适用的市场竞争战略。

访谈内容以及结论总结如下:

X先生,曾经供职于I集团,目前任职于A公司事业部首席运营官,对于I集团以及A公司的情况均比较了解。X先生认为I集团在过去的20年时间中,虽然研发出一系列的某汽车零部件总成产品,但是该集团公司的主营业务一直以来都是底盘和转向总成机构,I集团并未将某汽车零部件总成产品作为重点产品推广。然而,在集团公司决定与D公司成立战略合作模式之后,决定重新定位中国市场,抓住某汽车零部件行业的最后发展黄金时间,迅速依靠其最新的总成设计占领市场。由于××公司已经获得了相应的市场先机,I集团与D公司的主要竞争策略为以低价总成方案取得客户兴趣,并以有条件地提供其他产品的打包整体降价的报价获得总成本领先的价格优势。受访者认为,目前市场上××公司仍然是它们认为最具有竞争力的,其最畏惧的是××公司合资后协同效应的优势得到真正发挥。

Y先生被公认为某汽车零部件行业的技术第一专家,他曾经参与了世界上第一个DCT变速箱的研发,并先后带领团队开发出超薄型某汽车零部件、DCT型专用某汽车零部件以及紧凑型某汽车零部件总成。Y先生认为,某汽车零部件产品虽然在新能源汽车中的使用不再像目前传统车型那么普及,但是由于传统某汽车零部件在安全性和可靠性方面有多年的发展和成熟,加之不断改进的制造技术,使得传统某汽车零部件在降低污染、能耗以及噪声方面取得了很多进展。因此,整车厂的技术团队对于在传统某汽车零部件的基础上实施有助于新能源汽车技术发展的技术变革,仍然是非常感兴趣的。传统某汽车零部件,包含改进后的某汽车零部件仍然将在未来一定时间内占据主流市场。

Z先生,中国汽车变速箱研究的知名专家,被认为是国内动力总成系统研究的领军人物。他认为,某汽车零部件产品配套新能源汽车的动力总成开发仍然是具有很大研究意义的议题。目前上汽在开发的部分项目,就是电动汽车与传统某汽车零部件结合得很成功的案例。对于在新型变速箱开发过程中提供专业早期技术支持的公司,Z先生认为是非常值得赞赏的团队,也是未来主要合作的对象。

根据上述专家访谈的内容总结,我们不难得出以下几点结论:某汽车零部件市场发展虽然充满不确定的因素,但是并不是代表毫无生机。早期积极的技术介入对于行业本身的推动就是一种积极的贡献,而此贡献也将促进企业本身的技术进步并为其应对未来做好准备。基于市场发展阶段的特定需求,目前某汽车零部件企业更倾向于采取价格竞争优势获取项目的订单,抓住市场上为数不多的某汽车零部件应用项目以保证企业未来5～10年的发展。对于××公司具备的竞争优势,市场给予一致的认可。

5.3 ××公司竞争战略提出

根据上述对于××公司内外部竞争环境的分析,以及与专家的访谈结果,可以得出以下结论:

根据波特五力模型的分析结论,可以得知某汽车零部件产品处于高度成熟发展阶段,同时需要具备专有设计和制造技术且密集性投资的产业,已经不会再作为新进者的投资热点。同时,国家也大力鼓励发展汽车行业,作为某汽车零部件行业中的翘楚,××公司具有非常良好的市场形象,过硬的技术研发能力、生产能力和持续盈利能力。××公司面临的主要威胁以及自身尚未克服的主要弱点,一是来自内部计划中尚未解决的集中化高效生产和合资后尚在磨合期体现的诸多内部矛盾;二是来自××公司主要竞争对手将是市场内现有的竞争者。主要的成本压力来自买方的议价能力，以及核心垄断原材料供应商的议价能力。

然而，通过 SWOT 矩阵的构建可以发现，虽然不适用某汽车零部件的新能源汽车的发展将成为某汽车零部件最大的替代品威胁，但是由于新能源汽车发展技术目前尚未成熟，DCT 类型的变速箱，这种以××公司某汽车零部件设计为主的变速箱类型目前仍然是市场上最为节能环保的变速箱类型。××公司以及股东基于合资的前提，目前具有最高效的产能，是行业内少数具有总成开发以及总成生产能力的企业。因此，××公司可以利用自身在国际国内拥有的先进的研发和制造技术，以最大化的产能利用，抓住中国汽车市场快速增长而新能源汽车尚未普及的最后发展红利，获得快速的市场增长。

行业内的竞争格局在 A 公司与 B 公司成立后，呈现出以下趋势：具有较强竞争能力的企业为了拥有可与××公司实现抗衡的系统集成能力，实现了两两战略联盟。由于××公司是行业内第一家实现联盟的企业，已经具备了一定的先发优势。因此，由其他竞争对手新成立的联盟，为了赢得客户的青睐，只能以牺牲价格为代价。同时，单纯的零部件供应商，为了具备抗拒战略联盟企业的优势，不断地向客户提供更具有绝对价格优势的零部件，以试图说服客户放弃系统总成的采购转而采用零部件采购的战略。因此，市场上的价格竞争越发白热化。然而，即使在这种情况下，××公司仍然可以通过合资后形成的集中化生产、研发、采购等优势降低成本[5]。

同时，××公司对于变速箱的研究不仅仅限于某汽车零部件，而是体现在对整个变速箱性能的充分掌握基础上。对于新能源汽车的发展，目前很多整车厂在混动车的研究中，如何使某汽车零部件自身重量和体积降低，以便给变速箱双动力系统提供更多的装配空间的议题，变得尤为重要。而××公司正可以利用自身的优势来优化产品的设计，在保证功能和寿命的前提下，对于产品轻量化的设计进行研究，取得差异化的优势。

综上，基于行业发展情况的分析结果可以得知，所有竞争者为应对某汽车零部件行业发展可采取的主要策略，往往只能是在产品被新型的新能源汽车部分或者全部替代之前，以最快速的方式占领最大的市场份额。而由于某汽车零部件产品所需要的主要能力是研发和系统集成能力，因此最有效的占领市场的途径是以系统总成的方式争夺市场上已成熟的变速箱类型。××公司应当利用自身优势和外部机遇,确保企业既有的投资能够在未来10年中得到最大化利用,并赚取某汽车零部件产品的最后一桶金。只有这样,才能够帮助企业积累足够的财富,为后续的产品转型和升级带来投资资本和时间。

因此,可以总结出最适合××公司采用的竞争战略应为:以总成本领先战略为主,兼顾差异化的新产品开发的战略思路。换言之,确保通过有效的途径,使得企业的产品单位成本低于竞争对手的成本,以获得同行业平均水平以上的利润。同时,兼顾迎合未来新能源汽车发展趋势的差异化产品研发,持续培养既有客户对于成熟的某汽车零部件系统的驾驶习惯,为企业未来在某汽车零部件市场的差异化竞争提前做好充分的准备。

第6章　××公司的竞争战略的实施

6.1　基于价值链理论模型分析的总成本领先战略的实施

作为典型的汽车机械零部件制造企业,××公司具有典型的价值链构成因素。其主体生产活动包含原料供应、生产加工、成品储运、市场营销和售后服务,其辅助活动包含了企业管理、人力资源管理、采购以及技术开发。在总成本领先战略兼顾差异化新产品研究的战略思维指导下,基于价值链分析的理论,××公司战略的执行可以从以下几点着手。

6.1.1　基于战略联盟的制造资源整合

目前,××公司旗下有4家主力工厂分处在中国东部和中部地区。这4家工厂生产的产品类别既有特色,却又存在很多重合的部分(表3)。

表3　××公司工厂生产产品类别区分

工厂	产品1	产品2	产品3	产品4
A工厂	是	否	是	是
B工厂	是	是	是	否

(续表)

工厂	产品1	产品2	产品3	产品4
C工厂	是	是	否	否
D工厂	是	是	是	否

在战略合资之前,A公司下属A工厂与B公司所拥有的B,C,D三家工厂处于竞争关系。因此,从产品类别上可以看出,双方公司拥有很多重复的产品类型。这首先导致了在××公司分配订单时,工厂之间对于各自都能生产的产品经常发生抢单现象或者抱怨分配不均,这都加剧了工厂彼此间的矛盾。相反,对于技术含量要求高或者利润空间小的项目,同类型工厂之间则互相推诿订单。由于不同工厂之间生产同类型产品,也直接造成了工厂之间的竞争。由于不同工厂制造成本的差异,同类项目内部定价时,常常发生工厂之间为了从总部争取订单而进行内部竞价的现象,从而导致工厂内部矛盾上升到股东利益矛盾。

其次,重复类型产品的生产,同时导致了原料采购的分散、储运的分散以及质量管理水平的差异,从而间接导致战略合资的集成优势难以有效发挥。

最后,工厂间参差不齐的质量水平,直接导致了在客户端的管理困惑以及抱怨。由于××公司是对口客户的唯一窗口,当同类产品由不同工厂提供时,常常存在检验方法、制造工艺的差别,从而导致客户端的诸多困惑。上述问题直接导致了内部沟通成本、外部沟通成本、质量投诉成本以及不具有竞争力的原材料采购等成本的上升。

因此,对于价值链的主体活动而言,××公司应当借助其战略联盟的优势,进行必要的资源整合以及分配。工厂需要通过专注于生产某一类产品实现制造资源的整合。虽然4个工厂分属于双方股东,且生产的产品有许多重叠,但是其优势产品存在差异(表4)。为了生产更具价格竞争力的产品,工厂需要根据彼此间的优势进行分工定义,集中各自优势生产彼此专长且更有成本优势的产品类型。这将直接降低××公司提供给市场的总成价格。根据优势集中生产,重新定义分工的方式,符合××公司旗下工厂的实际特点,也具有可实施性[4]。

表4 ××公司下属主力工厂优势产品区分

工厂	产品1	产品2	产品3	产品4
A工厂	是	否	优势	优势
B工厂	是	优势	是	否
C工厂	优势	是	否	否
D工厂	是	是	优势	否

6.1.2 基于战略联盟的采购资源的整合

根据前文分析,××公司旗下工厂由于其生产产品均为金属机械加工零部件,使得工厂彼此间的原材料采购存在很多相同的类别,特别体现在冲压金属件、钢卷、电镀、机加工服务外协、冲压设备以及刀具和模具上(表5)。因此,××公司的成立,可以将工厂的采购进行整合,实现以××公司为领导的采购委员会的职能,依据汽车行业最佳作业标准,整合工厂所有相同或者类似的原材料以及设备的采购,从而实现采购成本的降低或者增加采购活动的灵活性。

表5 ××公司下属主力工厂原材料采购类别分析

采购产品	工厂A	工厂B	工厂C	工厂D
铜棒	否	是	否	否
冲压金属件	是	否	否	是
弹簧	是	否	是	否
钢卷	是	是	否	是
无缝钢管	是	否	是	否
粉末冶金	是	是	是	是
电镀	是	是	否	否
机加工服务外协	是	是	是	是
冲压设备	是	否	否	否
刀具和模具	是	是	是	是

例如,对于特种钢材的供应价格,宝钢会直接根据订购量的多少设定明确的价格阶梯区间。所有工厂的集中采购,自然可以提升订购总量,实现集中采

购的优势。再如,所有工厂都依赖的一款刀具,其在法国供应商处的生产周期约为9个月,使用过程中的维修保养周期因为需要海运发往法国,也需要3个月的时间。在××公司的努力下,首先通过集中采购降低了与法国供应商10%的谈判价格。同时,××公司在中国培养发展了负责刀具维修保养的本土供应商。由于××公司4家工厂的使用量达到了一定规模,从而为说服本土供应商追加此项目的投资提供法码。就刀具维护一项内容,其减少的采购成本、物流成本,每年可为工厂带来每件产品2%~3%的成本减少。

此外,由于刀具类型之间的重复性,工厂间的库存备货可以实现交叉替代性。对于备用刀具,不是所有工厂都需要备足过多的安全库存。因为,在实现了工厂间的协同作用后,每个工厂间的备用刀具,就可以成为所有工厂的备用库存。这大大降低了工厂的库存积压资金,同时也很大程度上降低了工厂由于刀具缺货而导致的生产停线或者紧急采购带来的高额成本以及高额空运费用。

6.1.3 基于战略联盟的营销和售后服务整合以及服务标准的统一提升

××公司作为A公司和B公司的合资总部,在实际运营过程中,销售人力资源的管理目前尚处于较分散的状态。工厂的销售人员目前仍然就职于各自的工厂,虽然他们与××公司的销售总监存在间接汇报关系,但是日常行政管理以及直接绩效考核仍由工厂管理团队决定,因此构成了销售组织架构的矩阵式双重汇报关系,同时也不可避免地带来了反应速度慢、对外沟通口径不一致的矛盾。同时,当客户就总成产品的功能提出投诉时,工厂之间也会由于质量问题无法清晰定义而互相推诿,造成解决问题拖沓,进而造成客户的强烈不满。因此,销售与售后服务的团队应当调整目前的架构,提高××公司协调与控制工厂团队的能力,××公司需要站在比工厂各职能部门更高的利益出发点,以统筹双方股东与所有工厂的最大利益为指导思路,方能提升销售与服务的标准,赢得更高的客户满意度。例如,对于总成产品的质量问题投诉,依托××公司的客户解决方案部门的分析,进行问题研究,能够直接避免所有工厂对于同一问题的重复分析和实验资源的重复使用,进而大幅降低服务成本以及质量管理成本。同时,对于一些质量投诉,甚至可以通过工厂之间的切磋和探讨,解决某一工厂的技术难题。例如,当负责产品1生产的A工厂,由于其技术难度无法实现某一尺寸的公差;而通过××公司的整合协调,同时通过调整B工厂产品2的尺寸精度,以不变的啮合公差却能实现A工厂产品1的公差的放宽,从而加强了整体产品总成的质量标准,也间接提升了产品良率并降低了总成本。

6.1.4 公司管理模式和结构的清晰定义是实现所有整合优势的前提

由于××公司是双方股东出资成立的合资总部,且下属4家主力工厂仍然分属于不同的股东,因此,这就使得工厂与工厂之间、工厂与××公司之间存在法资管理模式、民营管理模式以及中法合资这三种不同的管理模式。目前股东定义,××公司作为合资总部,对于工厂的所有营销、采购、项目管理、技术研究等职能拥有绝对的领导权,而工厂在各自总经理的领导下,专注各自主力产品的生产,以提升各自的品质、提高产能和效率为己任。因此工厂与××公司之间,虽然管理模式不一样、文化不一样,但是由于其设定的主要职责不一样,差异性并不会带来较大矛盾。

然而,各个单位之间不能产生管理权限上的交涉。这意味着,法国工厂的作业模式不能被股东强制地复制给其他民营工厂,因为历史的背景差异、文化的差异、工艺的差异,会直接导致一种单纯的运营模式无法在其他工厂复制生效。中方企业既有的优势,例如灵活性、因地制宜的管理风格,就有可能被法国管理制度下严格的流程审批制度所牵制,从而失去其固有的特点和优势。同理,法方的管理风格也不能一味地照搬中方企业的模式。法方公司百年的法国管理理念以及形成的与高度研发能力匹配的严谨的管理制度是不能轻易变更的。因此,现阶段股东对于各自工厂的管理,仍然需要保持各自的优势,专注于各自主力产品的生产,使共同总成本优势得到有效发挥。

××公司作为总部,其管理体制受到中方和法方的双重影响。在实际运营的过程中,法方各个职能部门也尝试对××公司产生虚线影响,例如在采购、销售和人力资源等职能方面,法方希望××公司完全贯彻和采用其既有的模式,并能复制到中方。已经适应了一直以来作为优等公民对待的法国管理层,希望××公司也能对其优等对待,例如提供接机服务、招待服务和绝对的政策服从。而中方无法理解××公司在日常决策过程中体现出的法式风格,进而希望××公司的管理人员可以按照中方的模式进行。

××公司主要的职责是协调资源与集成优势,而不是作为利益的分配者。对于××公司的日常管理,必须给予清晰的定义,即它只对其本身的董事会负责,而不存在对任何股东单方面的职能管理人员的汇报和负责关系。××公司管理模式和管理结构的清晰定义是实现所有整合优势的前提。

6.1.5 基于求同存异的人力资源管理体系

在价值链的管理中,其中一个重要的部分是人力资源的管理。在××公司这样一个中法合资总部的前提下,依据定义的总成本领先的战略,"求同存异"被认为是适合××公司执行的战略。××公司的员工由三个来源组成,首先是来自法国股东 A 公司的核心行政管理人员,包括总经理、销售总监和行政总监;其次是由中方 B 公司派遣的核心销售人员;其余 50% 左右的员工是××公司独立招聘的员工。

"求同",是指××公司必须坚信其核心战略意义,即成立合资公司的核心战略是为了加强股东双方在中国市场的竞争力,摒除彼此之间的差异,以获取更高的市场占有率。××公司的核心使命是"精益求精",该使命既传递了"某汽车零部件"的主要功能描述,也同时强调了××公司对于两家股东的战略意义。它的角色是协同双方股东的各种资源,保持双方在上述所说的例如采购、销售等各级战略上的同步,从而实现双方总体成本的降低。

由于××公司员工的背景不同,××公司自身管理方式既要符合法方的管理规范,这体现在招聘、培训、绩效考核和薪资架构等各方面合法合规的要求,同时也要考虑中方倾向激励制度大于基本薪资制度以及倾向使用领导个人影响力而不是制度来管理和激励员工的考核和激励方式。"公平、公正、协作、勤勉"被定义为××公司人力资源管理的核心价值观,并用以指导从股东双方选派不同员工的考量标准。只有真正认同××公司战略联盟意义的员工,方能以全局的战略理念来公平地对待彼此。例如,薪资水平的待遇在保证符合地区水平的前提下,符合双方股东的薪资架构设定;调配的员工相比普通招募的员工,对于企业文化和战略更加认同,该团队本身就是一支榜样队伍,在相互影响和学习的同时,也把从彼此股东员工身上学习的文化,传达到工厂或者股东,也以此间接地促进了股东管理层和股东工厂与工厂之间的相互理解。

因此,基于求同存异理念的人力资源管理体系,是实现战略协同的重要基础,也是实现总成本领先战略的重要基础。

6.2 差异化产品研发战略的兼顾

如前所述,在目前市场主流的变速箱产品中,批量使用某汽车零部件的DCT类型的产品虽为主流,但是由于在节能减排方面具有优势的新能源汽车的快速发展,DCT型变速箱的发展将会受到限制。差异化产品研发战略可以从以下几个方面着手。

首先,由于新能源汽车的发展尚未有统一标准,目前某汽车零部件在新能源汽车的应用尚处于研发和尝试阶段。基于××公司在某汽车零部件行业广受认同的研发能力,可以在早期阶段便介入新能源汽车项目动力总成系统的研发过程中,为新型某汽车零部件产品的未来应用打下基础。例如,上汽集团在国内新能源汽车研发以及生产中处于领先地位,××公司为上汽轿车混动型荣威系列提供的新型某汽车零部件,经过试验取得的成功,为××公司未来差异化发展,甚至是基于差异化产品而维系的生存和持续发展奠定了坚实的基础[39]。上述案例值得借鉴并推广到其他项目中。整车制造商对于新能源汽车的专业技术,以及新技术使用过程中的安全性和其他各项匹配性实验,也必须得到专业领域供应商的相应支持。技术方面的早期介入,是取得长期发展的有效投资。

当然,基于新能源汽车应用的某汽车零部件产品的开发,只是作为差异化产品开发的一个出路。技术发展的大趋势是某汽车零部件产品的可替代性。混合动力的发展在很大程度上只是属于过渡性产品。从根源寻找差异化产品的开发思路,才是最根本的解决方案。然而,由于新能源汽车发展的不确定性,目前所有有关动力总成的方案尚处于研发和测试阶段。但越是在这种多变不清晰的状态中,实时跟进技术发展趋势,并加大研究和开发投入,越能保证跟上相应的技术发展趋势。在研究方向上,××公司仍然可以将重点放在自身擅长的动力总成方面,以避免广泛的投资导致的无效研发或者资金占用。

差异化产品的研发,不是一蹴而就的事情。未来社会越来越无法预测。从根本上来说,改变员工思想和企业文化,时刻为差异化的探讨做好准备,也是在极度不明确的发展阶段能做到的最好准备之一。一支具备变革思想和积极探讨前沿技术精神的团队,才能不断地发现或者创造出变革的火花。因此,差异化产品研发战略的实施,文化变革需要先行。

6.3　××公司战略实施过程中应注意的问题

6.3.1　基于反垄断法的合法合规

A公司和B公司作为行业内最大的两大供应商,在合资组建××公司后,共计占领某汽车零部件产品市场份额约20%。而其合资后,如何保证在取得协同效应的同时,保证股东之间、股东各自工厂之间以及××公司之间对于商业信息的沟通,如何保证持续符合公平竞争、反垄断法的规定,是××公司需要注意的问题。首先,对于合法合规的管理具有严格标准的A公司,应加大对××公司商务合同的审查,以保证其所有与客户以及供应商之间合同订立的公正公平;同时,自2016年,基于TS16949的汽车行业标准将全面升级为IATF16949,并要求该标准自2017年完成全面实施。对比TS16949的标准,IATF16949重点提出对于合法合规的要求,这也体现了汽车行业内对于越来越突出的合规性要求的重视。

自2017年6月以来,欧洲汽车品牌巨头奥迪、大众、戴姆勒均被牵扯进卡特尔丑闻。他们被质疑操控汽车市场采购和销售价格,秘密协商关于技术、成本特别是柴油车尾气净化等问题。××公司与双方股东,以及双方股东的下属工厂之间的商务信息沟通、报价处理,在某些具有相同重叠产品的物料采购定价中,质量检验标注的设定等相关的业务流程中,如何保证严格按照合法合规的要求操作,成为××公司团队需要关注的问题。成本的降低,在任何时候都不能以违背相关法律法规为代价。

6.3.2　新增投资与业务增长需求的平衡

除了制造成本、采购成本、销售成本等主体活动,以及企业基础管理成本、人力资源成本等辅助活动,实现总成本最低战略的一个重要条件是生产规模的经济性和协同战略的有效实施。而在此过程中,如何平衡新增投资与业务增长的需求,是处于成熟期的某汽车零部件行业的企业所需考虑因素之一。依据法国的生产线建设标准,一条完整的某汽车零部件的系统的生产线,设备投资可达4亿元人民币,更换整套模具的成本约5 000万元人民币,在设备保持80%负载率的前提下,设备投资回报的时间周期至少需要5年。而根据乐观的估计,搭载

DCT或者传统某汽车零部件的汽车增长将只能维持10年。因此,对于××公司来说,在大规模扩展市场订单并增加投资的同时,需要考虑新增投资的风险性。对于现有设备的最大化利用,不但可以降低现有生产运营成本,同时也可以降低未来由于行业本身更迭所带来的升级风险。产品标准化设计以及合资后不同工厂间设备产能的协调共用,也可以大大降低模具投入投资的风险,从很大程度上提高各个工厂之间的设备利用率。

6.3.3 以动态的眼光配合新能源汽车技术的发展

新能源汽车,尤其是其电力驱动和变速箱功能模块的技术发展和研究目前尚未标准化。技术的日新月异,将导致与其配套的零部件(例如某汽车零部件产品)的开发面临重大变化。××公司在进行产品差异化研究过程中,需要密切关注行业发展动向,利用自身与客户已经建立的沟通渠道,积极地介入整车厂新能源汽车的研发过程中,从而避免新产品的研发变成单纯的"闭门造车",造成研发成本的过度投入和市场先机的丢失。

第7章 总结与展望

A公司自成立已经历了两个多世纪的风雨,至今已经发展成为行业的先驱者,与欧洲先进汽车整车制造厂商引领和见证了全球某汽车零部件行业的产品开发和发展。B公司作为中国某汽车零部件行业的民族品牌,发展也近20年。××公司是全球某汽车零部件领军企业在中国生根、发展与协作的代表。今天,伴随着新能源汽车发展新时代的到来,××公司处于时代变迁以及汽车工业技术革命的风口浪尖,肩负着自身公司发展的未来和双方股东发展的前景,同时也代表着某汽车零部件行业在产品变革阶段的发展方向。如何在高度成熟的行业,抓住最后的发展机会,通过利用合资的特殊优势制定正确的发展战略是本文研究的主题。

为了分析得出适用于××公司的战略,本文主要专注研究了:

(1) ××公司外部宏观环境——汽车市场及某汽车零部件市场发展特点。

(2) ××公司主要竞争对手分析——某汽车零部件行业竞争对手以及竞争

态势。

(3) ××公司内部自身问题分析。

(4) ××公司战略定义以及实施过程中问题。

在上述问题的分析中,外部宏观环境分析是前提,这奠定了××公司竞争环境的大背景。竞争对手分析模型提供了系统的分析竞争对手的思路,同时借助于竞争态势矩阵模型的分析和对于××公司内部环境的分析与思考,在SWOT模型的指导下,构建SWOT矩阵模型。根据波特五力模型,分析出××公司目前各主要相关方,即供应商的议价能力、购买者的议价能力、潜在竞争者进入的能力、替代产品的威胁以及行业对手的竞争这5种力量对于××公司产生的各种影响,结合竞争战略理论,从而分析出适合××公司现阶段应该执行的战略——以总成本领先战略为主,兼顾差异化产品研发的战略。

战略的制定需要具体的实施方针。作为典型的制造行业企业代表,××公司具有标准的价值链功能。结合总成本领先战略实施的具体要求,本文重点分析了依据价值链主体活动和辅助活动的各环节,探讨了适用于××公司的具体节约成本、提高效益、增强协同效应、提高基础管理水平、注重合资公司背景下的特殊人力资源管理策略。

同时,基于A公司和B公司的行业规模,以及××公司采用总成本模式下不可避免遇到的产能扩张问题,本文探讨了在实施总成本领先战略过程中,需要注意的合法合规性要求,以及如何平衡新增投资与业务增长需求的平衡问题。同时,对于××公司在新产品研发过程中可能出现的盲目投资研发问题做出了提示。企业一切的发展都应建立在持续性和合规性的前提下。

当然,现代汽车产业和新能源汽车的发展,都还存在很多不确定因素。例如AR、无人驾驶、电动汽车等前沿技术到底会对汽车行业及其配套零部件行业产生多大影响,需要多久才能产生影响,至今都没有准确的预测。但是,作为世界级领先的行业先驱,需要进行前瞻性的预测,适时的调整战略,在行业改革的浪潮下,不仅要存活,而且要健康地发展。

由于受环境变化的不确定因素、调查研究时间和资源的限制,笔者在生产专业知识方面的研究尚不够全面,因此,在基于价值链基础上的总成本降低实施措施中,未能提供具体可实施的生产管理方面的措施。同时,本文对于竞争对手的研究,信息主要源于行业内专业的第三方分析报告,未有能力做全部信息的核实。

战略需要随着宏观和内部实际情况的发展和变化而不断调整,对于××公司战略实施有效性的检验,将是××公司团队需要持续关注的主题。

参考文献

[1] 中国汽车工业协会.中国汽车工业发展年度报告[R].2017.

[2] 汽车产业中长期发展规划[J].中国经贸导刊,2017(15):53.

[3] 桂从路.人民论坛:开启实现梦想的新征程[EB/OL].[2017-10-23]. http://cpc.people.com.cn/19th/n1/2017/1023/c414305-29602173.html.

[4] 孙勇.中国汽车产业的新机遇在哪?[EB/OL].[2017-11-09]. http://views.ce.cn/view/ent/201711/09/t20171109_26809756.shtml.

[5] 田志龙.现代公司合资经营战略[M].武汉:华中理工大学出版社,1997.

[6] 陈耀.企业战略联盟竞争优势创造的基础研究[J].现代经济探讨,2003(1):51-54.

[7] 杰恩·巴尼,王俊杰,等.获得与保持竞争优势[M].北京:清华大学出版社,2003.

[8] 田虎伟.高等教育研究博士学位论文中研究方法的调查分析[J].学位与研究生教育,2007(8):31-37.

[9] Fayol Henri. General and industrial management /-Rev.ed[M]. The Institute of Electrical and Electronics Engineers, 1984.

[10] Ansoff H I. Strategic issue management[J]. Strategic Management Journal, 1980, 1(2): 131-148.

[11] 刘艳梅.企业竞争战略管理理论三大主流学派的回顾与思考[J].哈尔滨工业大学学报(社会科学版),2002,4(2):39-43.

[12] 陈荣平.战略管理的鼻祖:伊戈尔·安索夫[M].保定:河北大学出版社,2005.

[13] 切斯特·I.巴纳德.经理人员的职能[M].北京:机械工业出版社,2013.

[14] 切斯特·I.巴纳德.管理金典:经理的职能(中英双语·经典版)[M].北京:北京理工大出版社,2014.

[15] 叶克林.企业竞争战略理论的发展与创新:综论80年代以来的三大主要理论流派[J].江海学刊,1998(000),006:28-32.

[16] Andrews K R Can the Best Corporations be Made Moral? [J] Harvard Business Review,

1973,51(3):57-64.

[17] 徐二明,王智慧.企业战略管理理论的发展与流派[J].首都经济贸易大学学报,1999(1):25-29.

[18] Michael E Porter. Competitive Strategy[M]. New York:Free Press,1980.

[19] 叶广宇.总成本领先战略的理论分析[J].价值工程,2001(6):7-10.

[20] 张冬梅,曾忠禄.如何利用波特的竞争对手分析框架分析竞争对手[J].现代情报,2007,27(5):187-190.

[21] 杭龙.关于企业战略联盟的思考[J].中国高新技术企业,2007(14):25,27.

[22] 迈克尔·波特.什么是战略?[J].商界:评论,2006(1):1-26.

[23] 张鸣,王明虎.战略成本下价值链分析方法研究[J].上海财经大学学报,2003,5(4):46-53.

[24] 薄湘平,陈娟.总成本领先战略探析[J].财经理论与实践,2003,24(3):110-112.

[25] 陈一郡,郭耀煌.企业战略联盟的价值链分析[J].图书情报导刊,2002(3):25-28.

[26] 王宏.企业实施差异化战略研究[J].生产力研究,2007(1):111-112.

[27] 盛文军,廖晓燕.产品差异化战略:企业获得竞争优势的新途径[J].当代经济研究,2001(11):32-35.

[28] 迈克尔·波特,詹正茂.塑造战略的五种力量——迈克尔·波特再论"五力模型"[J].哈佛商业评论,2008(2):120-139.

[29] 张伟科,魏璐.SWOT分析法在中国企业战略管理过程中的应用[J].江苏商论,2008(12):69-70.

[30] HIS Markit Automotive Supplierinsight[R]. 2017.

[31] 中国汽车技术研究中心.中国新能源汽车产业发展报告2017[M].北京:社会科学文献出版社,2017.

[32] JSC China Economic and Automotive Briefing April[R]. 2017.

[33] 麦肯锡.中国汽车市场发展新趋势[R].2016.

[34] Bitsch H, Kratzke F. Transmission box:US, US5156069[P]. 1992.

[35] 赵雪松.湿式双离合器自动变速器某汽车零部件设计及研究[D].吉林大学,2015.

[36] 迈克尔伊波特.竞争战略:分析行业和竞争者的技术[M].北京:三联书店,1988.

[37] 戴维·赫西,珀·詹斯特,赫西,等.竞争对手分析[M].北京:经济科学出版社,2004.

[38] 张沁园.SWOT分析法在战略管理中的应用[J].企业改革与管理,2006(2):62-63.
[39] 康建中.持续竞争力:公司战略管理的核心[J].安徽大学学报(哲学社会科学版),2003,27(4):99-103.

本书参考文献

[1] 田小蔚.基于用户体验的互联网汽车产品定义研究[D].上海:同济大学,2018.

[2] 张正强.RH物业公司A项目客户满意度提升策略研究[D].成都:电子科技大学,2020.

[3] 梁振杜.A集团企业员工激励机制诊断报告[D].西安:西北大学,2015.

[4] 王仕婧.夏热冬冷地区公共建筑能效评估体系研究与应用[D].上海:同济大学,2020.

[5] 王晓光.基于关键链技术的M公司多架机维修进度管理研究[D].成都:电子科技大学,2020.

[6] 陈侃.基于关键链技术的系统集成项目进度管理研究[D].上海:同济大学,2018.

[7] 饶泽炜.融入ESG信息的公司债违约风险识别方案策划[D].上海:上海师范大学,2020.

[8] 李瑾.X市烟草公司客户经理绩效考核优化研究[D].昆明:云南财经大学,2020.

[9] 文昌资.LG华南公司洗衣机营销渠道改进研究[D].长沙:湖南大学,2017.

[10] 文伟.浦发银行N分行大客户营销策略研究[D].南昌:江西财经大学,2018.

[11] 饶泽炜.融入ESG信息的公司债违约风险识别方案策划[D].上海:上海师范大学,2020.

[12] 陈稞.东方建设西洞庭物流园施工项目成本控制改进研究[D].长沙:湖南大学,2018.

[13] 潘顺.工业机器人类产品需求预测研究——以K公司为例[D].上海:同济大学,2018.

[14] 宋义平.论文写作的"套路"是什么?[N].中国出版传媒商报,2020-11-17(018).

[15] 王德亚,王飞,谭伟,等.基于《文献检索与论文写作》课程的多元化教学模式的探讨[J].科技经济导刊,2020,28(31):123-124.

[16] 论文写作技巧——计量单位和符号[J].创新创业理论研究与实践,2020,3(20):60.

[17] 论文摘要写作指南[J].科普研究,2020,15(5):22.

[18] 王磊,李健生,吕明哲.论研究生培养质量保障体系中的MBA论文写作流程管控[J].中国管理信息化,2018,21(11):201-203.

[19] 陈国海,郭璨,石思玲.MBA学位论文评价体系的构建研究[J].湖北理工学院学报(人文社会科学版),2015,32(2):79-82.

[20] 陈祎鸿.论MBA学位论文的撰写[J].学位与研究生教育,2012(11):35-38.

[21] 余来文.MBA论文写作与研究方法//现代企业文化(上旬)[M].大连:大连理工大学出版社,2009(3):92.

[22] 刘爱东.MBA学位论文指导中的创新素质培养[J].现代大学教育,2002(3):34-35.

[23] 丁斌.专业学位硕士论文写作指南[M].上海:机械工业出版社,2010.

[24] 徐有富.学术论文写作十讲[M].北京:北京大学出版社,2019.

[25] 熊浩.论文写作指南:从观点初现到研究完成[M].上海:复旦大学出版社,2019.

[26] 童之侠.学术研究与论文写作[M].北京:人民日报出版社,2016.

[27] [英]迈克·波特瑞,[英]奈杰尔·赖特.滴水不漏:学位论文写作与答辩指南[M].毕唯乐,译.上海:华东师范大学出版社,2020.